はじめに

本書は、北海道大学大学院文学研究科・文学部による平成二四年度公開講座「旅と交流――歴史を旅して、現代の問題を考える」の講義を基にまとめたものです。案内用のパンフレットには「講座の趣旨」を次のように紹介しました。

人は旅を通じて出会いを広め、内省を深め、生活を豊かにして来ました。本講座では「旅と交流」をテーマとして、宗教者の遍歴・旅行記と物語化・日本と諸外国の交流・旅をする動物の生態・国境を越えることで生じる諸問題など、講師の専門と関心に応じて、思想・歴史・地域・社会の面から探求します。

このテーマは次年度(平成二五年度)の公開講座「食と文化――食物を通じて、世界の文化を考える」と深く関連しています。そこで、講師陣の多くは継続して「旅」から「食」への講義を担当していただきました。文学研究科の専門分野は「思想」「歴史・地域」「言語・文学」「人間科学」の四専攻に大別されます。本書の章立ては、第一・二章が哲学・宗教、第三・四・六・七章が歴史学、第五章が文学、第八章が社会学を専門とする内容で、歴史・地域学に重点を置きました。時代的には、古代(第一・二章)から中世・近世(第四・六・七章)、近代(第三・五章)、現代(第八章)に大別されます。

それぞれの講師は、専門分野からみた旅と交流の諸相について、例えば、仏典や聖書は旅についてどのように説いているのか、イラン国王のヨーロッパ視察旅行、近世ドイツにおける郵便の発達によるコミュニケーション革命、明治から戦前にかけて万里の長城を見た日本人、そして、近世に八重山に漂流した朝鮮人たちとベトナムに漂流した日本人たちの記録といった具体例を話題として提供します。さらに、国際社会学から旅と交流の問題点が指摘されます。それでは、各章の内容を各講師のことばを辿りながら概観します。

まず、第八章「国境を越える旅の社会学」を最初に紹介します。なぜなら、本章は「旅と交流」の意味と問題についてのガイドラインを示しているからです。まず、第一に「旅」の構造を、観光旅行のように旅自体が目的だという「即時的」と、何かのための手段だという「手段的」とに区別し、両者を国境内(出張・単身赴任)と国境外(国際移民)とでさらに二分して、旅は四種類に分類されることを示します。その中で、本章のテーマである国際移民について、一九七〇年代初めまでの国際移民という旅の目的は働くことでしたが、国外への移動が容易になった現代では、グローバル化する国際移民による社会の変容と「交流」の問題点が浮き彫りにされます。

第一章「**出家と自己の探求——ブッダ最後の旅**」では、最初に古代インドにおける人生モデルとしての四生活期と人生の四大目的が示されます。後半の人生では家督を譲り、家を出ることが理想とされます。この「出家」について説かれる仏教以前の最初の文献を見ると、「老死」という苦からの解脱を目指したブッダの出家と目的は同じであることが知られます。その中で、本来の自己(アートマン)を探求することと、他者に対する愛しさもこのアートマンへの愛しさから生まれることを説いています。その後、『ブッダ最後の旅——大パリニッバーナ経』について解説します。ブッダの遺誡が紹介されますが、最後に引用した詩にその内容が込められています。

第二章「**聖書と旅**」では、新・旧約両聖書における旅の物語を考察します。旧約聖書は創世記でアブラハムが故郷を発って神ヤハウェから約束された土地へと向かう旅など旅また旅の話であるとも言え、「(モーセ)五書」の他の四書も全面的に旅の物語と言えます。新約聖書では、イエスが弟子たちを引き連れて各地を経めぐる宣教の旅、ユダヤの地を発ってついに遠くローマに至ったパウロの伝道の旅などが挙げられます。両聖書の物語の違いはどこにあるのでしょうか？　また、正典聖書に記された旅は、徹底してこの世のものである(水平的な旅)のに対して、「外典」の旅はこの世ならぬ世界ついて(垂直的な旅)の記述が多く見られます。それは、その幻の出来事自体に直接参加しているかのようであり、キリスト教という宗教の本質を探る上で重要なことを示唆しています。

第三章「イランの王さま、ヨーロッパへ行く」では、イランの国王が見た一九世紀後半のヨーロッパと、アジアにおける近代化・西洋化について考察します。一九世紀前半のイランは、ロシアやイギリスの進出を受けるものの、領土問題は一応の安定を見るようになり、一度も植民地とはならず、独立を保っていました。近代化の中で、欧州諸国の君主との友好・協調関係の創出・維持・強化のためにイスラーム国家の君主としては初めてイスラーム圏以外の土地に行き、旅の体験を綴りました。この『ヨーロッパ旅行日記』には、キリスト教徒や教会をどのように記したのでしょうか？　そして、ヨーロッパ諸国の反応も紹介されています。

第四章「郵便と旅行——近世ドイツにおけるコミュニケーション革命」では、はじめに、中世ヨーロッパの旅は、地図のない旅で、旅行者(修道士・商人・使節など)は、村や町ごとに道を知っている案内人を雇いながら旅を進め、宿泊や飲食の施設も整っておらず、危険に溢れていたことが述べられます。しかし、近世になると、郵便制度と郵便網の整備によって「コミュニケーション革命」と呼ばれる事態が発生しました。宿駅が設置され、その街道は、郵便路線と呼ばれ、宿駅は飲食と宿泊ができる施設として、旅行者は宿泊と飲食の心配から解放されました。郵便制度がどのように人々の時間・空間意識を変えていったのでしょうか？

第五章「万里の長城を見に行った日本人」では、はじめに、「万里の長城は月から見える」というのはヨーロッパ人が一七世紀くらいから育ててきた中国幻想のひとつであることが紹介されます。この話は、万里の長城といえば「月から見える」がお約束のように枕詞として、日本ではいまだに使われています。それでは、最初に長城を見た日本人はどのような報告を残したのでしょうか？満洲国の成立によって長城は日本の大陸進出戦略の文脈の中で語られはじめ、長城が日本の国境となり、詠嘆調の感傷の長城描写のスタイルが定着します。「月から見える」という幻想は「中国の歴史」に対する狭隘な「ロマン」主義として戦後になっても再び現われていることを批判します。

第六章「八重山に漂流した朝鮮人たち――彼らはなぜ、どのようにして朝鮮へ送還されたのか？」では、はじめに、琉球列島への朝鮮人漂流民の事例と、一四七七年漂流の済州島人漂流民八名のうち三名が生きてある島に到達したことが紹介されます。半年ほどの生活後、済州島人漂流民は島伝いに送還されていきますが、島々での見聞が漂流民の見た琉球社会として、詳細に報告されています。漂流民たちが無事に琉球王朝から朝鮮半島まで送り届けられたのは、単に島の人々が親切だったからでしょうか？　本章では、歴史上の物事を複眼的かつ構造的に摑む問題意識から、一見人道的な漂流民送還という事実の裏にも、さまざまな人々の思惑や歴史事象の連鎖がはたらいていることを示していきます。

第七章「江戸時代漂流民と「安南国王」阮福映――漂流記から読み解くベトナム史」では、はじめに、一七九四年、ベトナムに漂着した大乗丸の船員たちが、帰国後長崎奉行所の取り調べできわめて詳細な記録を残していることを紹介します。しかし、その内容は一般に知られるベトナム史の歴史的事実と符合しません。ところが、新史料の発見によって、漂流民が長崎で語った記録は、貴重な手がかりであることが判明しました。初めて明らかになった史実とはどのようなことだったのでしょうか？　また、漂流民たちが果たした役割とは何だったのでしょうか？　前近代における非公式な外交の重要性が、漂流事案に歴史的な意味を持たせたことが解き明かされていきます。

各章に見られる旅と交流を、最初に紹介した第八章の「四種類の旅」に当てはめると、第二・六・七章は「国際移民」に相当します。「国境内・外」の区分は第五章で考えさせる問題になります。第一章は当時の「国境内・外」、第三章は「国境外」、第四章は「国境内」が中心となりますが、より詳しく各章の内容を第八章の労働移民の変化と対照してみましょう。

労働移民について一九八〇年代以降の変化が五項目にまとめられています。詳しくは読みすすめていただきたいのですが、各章を見るならば、この問題は古代から現代まで常に抱えていることであることが分かります。本書でも、経済的・政治的要因も取り上げられています。例えば、第一章は、一見、経済・政治とは無関係に見えますが、『ブッダ最後の旅――大パリニッバーナ経』冒頭には国が滅びないためには共和制が必要であることが説かれています。

一方、「水平的・垂直的」や「空間・時間」という物差しで、旅の概念を表わす試みもいくつかの章に見られます。第二章では外典の旅を紹介することで、第五章では実情と幻想を対比させることで、内容を際立たせています。第四章では実用性の観点から時間・空間意識の変化を取り上げていました。これらの指摘もグローバル化する国際移民と無縁ではなく、例えば「ディアスポラ」について、個人の意識の問題を議論することが必要になります。

第八章の提言「私たちも変わる必要ある」は、各章にも反映された形で提言されています。各章に込められたメッセージが読者の方々に伝わり、旅と交流の多様な諸相についてのより深い理解が得られますならば、これに勝る喜びはありません。

細田典明

目次

はじめに

第一章　出家と自己の探究……細田典明……1
　――ブッダ最後の旅
はじめに　1
一　人生の目的と生活期　2
二　出家と遍歴
　――『ブリハッド・アーラニヤカ・ウパニシャッド』に見る「出家」の表明　6
三　ブッダの出家と説法の旅　13
四　自己の探究と旅　31

第二章　聖書と旅……佐々木　啓……35
はじめに　35

一　旧約聖書と新約聖書　40
二　旧約聖書における旅　43
三　新約聖書における旅　50
四　聖書外典・偽典における旅　55
結論にかえて　61
第三章　イランの王さま、ヨーロッパへ行く……守川知子……63
一　ガージャール朝君主ナーセロッディーン・シャーとその時代　64
二　ナーセロッディーン・シャーの第一回ヨーロッパ旅行　70
三　イランの王さまの見たヨーロッパ　76
四　ヨーロッパの見た「ペルシアの王さま」　87
五　旅を終えて　91
第四章　郵便と旅行……山本文彦……93
――近世ドイツにおけるコミュニケーション革命
一　中世ヨーロッパの旅　93
二　「郵便の発見」　99
三　郵便路線の旅　103
四　時間・空間意識の変化　109

おわりに　118

第五章　万里の長城を見に行った日本人……武田雅哉……121
一　万里の長城は月から見えるの？　121
二　最初に長城を見た日本人？　123
三　長城を見に行った日本人　125
四　満洲国と長城　133
五　感傷の長城　138
六　長城以東の〈ユートピア〉　139
七　オトナリに行けば、まだまだ「見える」らしい？　146
八　日本人は長城を見たのか？　148

第六章　八重山に漂流した朝鮮人たち……橋本　雄……153
――彼らはなぜ、どのようにして朝鮮へ送還されたのか？
はじめに　153
一　琉球列島への朝鮮人漂流民と済州島　156
二　一四七七年済州島人漂流民金非衣らの送還ルート　162
三　漂流民の見た琉球社会　171
四　済州島人漂流民はなぜ送還されたのか？　181

五　琉球―朝鮮間を往来する博多商人　189
おわりに　199

第七章　江戸時代漂流民と「安南国王」阮福映……吉開将人……205
——漂流記から読み解くベトナム史
はじめに　205
一　大乗丸漂流に関する諸史料　207
二　漂流から帰還まで　209
三　漂流記の記述と「安南」「国王」問題　211
四　「景興」年号　214
五　「景興」「安南」「国王」問題　217
六　宗主国清朝の文書史料　221
七　阮福映の黎朝正統観　224
八　漂流民と阮福映の外交　227
おわりに　231

第八章　国境を越える旅の社会学……樽本英樹……235
一　国際移民という「旅」　235
二　国際移民による社会の変容と「交流」　242

三　国際移民への対処　247
四　国際移民という「旅」と「交流」のこれから　251
おわりに　255
執筆者紹介　257

第一章　出家と自己の探求
――ブッダ最後の旅

細田典明

はじめに

旅と人生――フーテンの寅さんと古代インド哲学

「男はつらいよ」第一作で、博《ひろし》の父・諏訪颷《ひょう》一郎（演ずるのは志村喬）が北海大学農学部名誉教授として、妻とともにさくらと博の結婚式に登場します。博はこの父に反発し、高校を中退して家出をし、八年後の結婚式で再会することになります。寅さんも昔、父に逆らい、高校を中退し家出をしました。二人の違いは、博は職工として働き、結婚後息子と三人暮らしの家庭を営むのに対して、寅さんは失恋を繰り返し、フーテンの旅を続けることです。

シリーズ全四八作の中で、諏訪颷一郎が登場する作品は他に二作あります。第八作『寅次郎恋歌』では、妻を亡くした颷一郎が、安曇野を旅したときに庭先にりんどうの花が咲く家で夕食を迎えた風景を寅さんに話し、家庭のある生活の大切さを説きます。その後「とらや」を訪れた颱一郎は、車竜造に「あの……、大学ではその……、何がご専門で」とたずねられ、「インドの古代哲学です」と答えます。颱一郎が古代インド哲学の蘊蓄を語ることはありませんが、第二二作『噂の寅次郎』では『今昔物語』の話で仏教の無常観を説きます。

気ままな旅は自由な反面、孤独です。旅を終え家庭を持っても、やがては死という別れを迎えます。この大問題を古代インドの聖人は、「不死」となることで克服し「解脱」を目指しました。

本章では、はじめに仏教以前の聖典であるウパニシャッドの出家の場面を、次に「ブッダ最後の旅」で弟子たちに説いた内容を考えてみます。どちらの内容も「自己の探求」がテーマであり、ウパニシャッドでは妻への最後のことばとして、「ブッダ最後の旅」では弟子たちへの遺言として語られます。

一　人生の目的と生活期

四生活期と四大目的

古代インドでは、人生の目的として、「ダルマ（法）」「アルタ（実利（財））」「カーマ（愛）」の「三大目的」が立てられています。その手段は「学問」「職業」「結婚」であり、寅さんは果たすことができません。そして、これらの目的を人生の前半で成就し、後半の人生は「解脱」を目指す生活を送ることが理想とされています。

目的は往々にして手段と化しますが、森鷗外は『青年』の中で、日本人の生活観を次のように批判しています。

一体日本人は生きるということを知っているだろうか。小学校の門を潜ってからというものは、一しょう懸命にこの学校時代を駈け抜けようとする。その先きには生活があると思うのである。学校というものを離れて職業にあり附くと、その職業を為し遂げてしまおうとする。その先きには生活があると思うのである。そしてその先には生活はないのである。（十　純一が日記の断片）

先の「三大目的」に「モークシャ（解脱）」を加えた「人生の四大目的」と四生活期とを関係づけるならば、学生期にはヴェーダをはじめとする学問を法として学び、家長期には実利（財）と愛を実現し、家庭を築きます。林棲期から遍歴期にかけての期間は俗世を離れ、解脱を実現するための期間と言えますが、法は一生を通じて学ぶ「人の道」であり、寅さんの「旅と人生」に見ることができます。そして、この法こそが、ブッダが説き続けたものであり、生きる目的の根幹をなすものです。

ブッダは二九歳で出家し、三五歳で悟った者（「ブッダ」の本来の意味）となり、その後四五年間各地をめぐり、法を説いて人生を全うしました。

表1-1　人生の四生活期と四大目的

師匠のもとでヴェーダを学習する学生期（ブラフマチャリヤ）	法
妻子を養い、家を繁栄させる家長期（グリハスタ）	法・実利・愛
家督を譲り、森の中に隠居する林棲期（ヴァナプラスタ） 定住せず、解脱を達成するための遍歴期（パリヴラージャカ） （あるいは、無一物で放浪することを意味する「サンニヤーサ」）	法・解脱

「生活期」と訳した原語「アーシュラマ」は「庵」「道場」を意味します。この語は「シュラム（努力する）」という動詞から派生した言葉で、「シュラマナ」と言えば、バラモンに対立した修行者のことであり、「沙門《しゃもん》」と訳されます。ブッダは、解脱を目指して努力する沙門の姿を見て、出家したと伝えられています。中村元訳『ブッダ最後の旅』では〈道の人〉と訳されています。

後半の人生

各生活期に規定される詳細は、インドの代表的法典である『マヌ法典』に知られますが、林棲期

郵便はがき

料金受取人払郵便

札幌中央局
承認

845

差出有効期間
H28年7月31日
まで

060-8788

札幌市北区北九条西八丁目
北海道大学構内

北海道大学出版会 行

ご氏名 （ふりがな）		年齢 歳	男・女
ご住所	〒		
ご職業	①会社員　②公務員　③教職員　④農林漁業 ⑤自営業　⑥自由業　⑦学生　⑧主婦　⑨無職 ⑩学校・団体・図書館施設　⑪その他（　　　）		
お買上書店名	市・町　　書店		
ご購読 新聞・雑誌名			

書　名

本書についてのご感想・ご意見

今後の企画についてのご意見

ご購入の動機

1書店でみて　　2新刊案内をみて　　3友人知人の紹介

4書評を読んで　　5新聞広告をみて　　6DMをみて

7ホームページをみて　　8その他（　　　　　　）

値段・装幀について

A　値　段（安　い　　普　通　　高　い）

B　装　幀（良　い　　普　通　　良くない）

HPを開いております。ご利用下さい。http://www.hup.gr.jp

と遍歴期の区別は曖昧です。また、「サンニヤーサ」という用語で隠遁生活を表わすこともあります。いずれにせよ、実際、バラモンはこの人生の後半をどのように過ごしていたのかといった問題について、渡瀬信之著『マヌ法典』(中公新書、一九九〇年)には、「四生活期」の理念と現実の二重構造が明瞭に解説されています。『マヌ法典』はウパニシャッドや仏教よりも後に編纂されたもので、内容を整備したものです。本章で取り上げるウパニシャッドは年代的に古く、バラモン思想も沙門思想も輪廻は苦しみであると捉え、解脱を目指して出家することが理想とされます。

人生の前半の在家生活を努め励むことは理解されますが、後半の生活期において世俗生活を離れ、解脱を目指すことは、きわめて非現実的で、ただちには受け容れがたいように思われます。しかし、近年、五木寛之の随筆『林住期』(幻冬舎文庫、二〇〇八年)は、後半の生活期について、次のように提言しています。

「林住期」こそ人生のピークであるという考えは無謀だろうか。私はそうは思わない。前半の五十年は、世のため人のために働いた。五十歳から七十五歳までの二十五年間、後半生こそ人間が真に人間らしく、みずからの生き甲斐を求めて生きる季節ではないのか――。

この書が、「古代インドの思想から、今後の日本人の生き方を説く、世代を超えて反響を呼んだベストセラー」と評されていることは、人生の後半の生き方が現代人にとって大きな問題であることを示していると言えます。

二　出家と遍歴――『ブリハッド・アーラニヤカ・ウパニシャッド』に見る「出家」の表明

ブッダは、解脱を目指し努め励む沙門(シュラマナ)の姿を見て出家したことを申しました。仏教で「出家」とは、仏・法・僧の三宝に帰依し、剃髪し、戒律を守り、生涯独身を通すことを意味します。これは、先に見たバラモンの「学生期」の決まりであり、童貞を守る「ブラフマ・チャーリン(梵行者)」とは学生期の「学生」を意味します。したがって、仏教で「出家する」ということは、本来、学生として再生し、生涯を過ごすことになります。それでは、仏教以前の出家はどのように伝えられているのでしょうか。「出家」に関する最も古い記述はウパニシャッドに見られ、そこで哲人ヤージュニャヴァルキヤは妻マイトレーイーにアートマン(真の自己)を認識したときに不死となると教示した後に「去った」と伝えられています。その冒頭の部分は次のように始まります。

『ブリハッド・アーラニヤカ・ウパニシャッド』第四章第五節(以下、「四・五」と表記)「妻マイトレーイーとの対話」(第二章第四節にもあり、より簡略で、第四章よりも成立が古いと考えられています。以下「二・四」と表記。「二・四・一」は「第二章第四節第一項」を示す)

ヤージュニャヴァルキヤにはマイトレーイーとカーティヤーヤニーというふたりの妻があった。ふたりのうちで、マイトレーイーはブラフマンについて議論する女性で、カーティヤーヤニーは女性としての知性のみを持っていた。そこで、ヤージュニャヴァルキヤは、他の生活（出家）をはじめようとして（四・五・一）、

「マイトレーイーよ」とヤージュニャヴァルキヤはいった。

「わたしはこの状態（家長期）から出て行きたいと思っている。（二・四・一）出家したいと思っている。（四・五・二）

ついては、あなたとカーティヤーヤニーとに（財産）分配を行ないたい」。

マイトレーイーはいった。「もしこの財に満ちた大地がすべてわたしのものになれば、わたしはそれによって不死となるでしょうか、ならないのでしょうか」。

「ならない」とヤージュニャヴァルキヤはいった。

「あなたの生活は、財産家たちの生活と同じようになるであろう。しかし、財によって不死になる望みはない」。（四・五・三、二・四・二）

第四章冒頭（四・五・一）に見られる二人の妻、マイトレーイーとカーティヤーヤニーを、「ブラフマンについて議論する」ことのできるヴェーダの素養がある女性と（妻や母としての）女性の知の持

ち主として対比させることによって、出家と在家の立場が根本的に違うことが明らかにされています。在家の立場は財を蓄え、豊かな生活を送ることですが、出家の立場はそれらを捨てて「不死」となることにあります。ここで、「他の生活」と訳した箇所に「出家」と補足説明をしました。多くの訳では「遊行」という補足説明になっています。その理由は、この部分が「四生活期」の遍歴期（パリ・ヴラージャカ）を表明する最初の文献と目されているからで、註釈でもそのように説明されています。しかし、続く文は、第二章の該当箇所では「ウド・ヤー」は「先に進む」「次の段階に向かう」を意味し、「出て行きたい」と訳されます。財産を譲り妻と別れるという文脈は、「出家する」という原義に近いと言えます。そして、第四章では「出家」を意味する「プラ・ヴラジュ」であり、「遍歴」を意味する「パリ・ヴラジュ」ではありません。

「出家」と「遍歴」の違い

「遍歴」とは、ウパニシャッドでは知を求めて各地をめぐることです。出家を説くヤージュニャヴァルキヤは、ジャナカ王との対話では、出家者（プラ・ヴラージン）たちはアートマンのみを世界として望みつつ、出家するのであり、いにしえの知者たちは、子孫・財・世間に対する欲求を離脱して乞食行《こつじきぎょう》（ビクシャー・チャリヤ）を行なったことを説きます。妻との離別、子孫・財・世間に対する欲求からの離脱は「出世間」を意味します。本来、各地を遍歴することは必ずしも人生の最終段階を意味せず、バラモンたちとの討論で、あるバラモンは「我々チャラカ学徒はかつてマドラ地方を遍歴した」と述べ、バラモンたちが未知なる知識を求めて遍歴したことを伝えています。後代になって、アートマンを求めて俗世間を離れる出家後の生活期として、遍歴期が立てられたと考えられます。

ヤージュニャヴァルキヤが説く出家は、「老死」という苦からの解脱を目指したブッダの出家と目的は同じであると言えます。また、仏教で「遍歴者」を意味する「パリ・ヴラージャカ」は「外道」を意味します。遍歴者は法を説くために各地をめぐりますが、「遍歴」を意味する「パリ・ヴラジュ」という動詞を使用することはありません。遍歴者たちとの問答は原始仏典にも多く伝えられています。ブッダはさまざまな人々に法を説きますが、ヤージュニャヴァルキヤの教説は、ウパニシャッドの中で、バラモンたちとの討論、ジャナカ王との対話、そして、妻マイトレーイーとの対話に限られます。先に引用した箇所に続いて「アートマン」を説きますが、マイトレーイーの真摯な質問がその動機となっています。

愛しい者との別れ

「財によって不死になる望みはない」と言われたマイトレーイーは次のように問います。

わたしが不死とならないもの、それがわたしにとって何になりましょう。あなたが知っていることをこそ、わたしに話してください(四・五・四＝二・四・三)

ヤージュニャヴァルキヤは、妻のことばに胸を打たれます。

ああ、本当にあなたはわたしにとって愛しく、今また愛しく語る。（二・四・四）
愛しさを増した。（四・五・五）

そして、アートマン（真の自己）を知ることが不死となることを説きます。

ああ、実に、夫を望むために夫が愛しいのではない。アートマンを望むために夫が愛しいのである。（四・五・六＝二・四・五）

同様に、妻、息子、財産、家畜、バラモン、王族、諸世界、神々、ヴェーダ、被造物、一切について、アートマンを望むためにそれらが愛しいことを説きます。ヤージュニャヴァルキヤはアートマンを熟慮することをマイトレーイーに教授し、「不死の問題はこれで語り尽くした」と言って去り、「妻マイトレーイーとの対話」は終わります。

ヤージュニャヴァルキヤのことばは、「観念論」や「独善主義」と受け取られそうです。「自己中心主義」に受け取られる理由は「アートマン」が「自己」を意味することにあります。しかし、

「本来の自己」としてアートマンを理解することは難しく、即答に窮します。「本来の面目」とは禅の極地であり、夏目漱石の小説『門』の主人公宗助は、この公案の理解に苦しみます。真面目に自己を見つめ直すとき、それは具体的に「これだ。あれだ。」といって示せるものでしょうか。ヤージュニャヴァルキヤは、ことばでは把捉できない「非《ネーティ》ず、非《ネーティ》ずのアートマン」と表現しています。

自己自身が思考だけでは解決できないことを、寅さんは次のように言います。

インテリというのは自分で考え過ぎますからね、そのうち俺は何を考えていたんだろうって、わかんなくなってくるわけなんです。つまり、このテレビの裏っ方で言いますと、配線がガチャガチャにこみ入ってるわけなんですよね、ええ。そういう点私なんか線が一本だけですから、ま、言ってみりゃ空っぽといいましょうか、叩けばコーンと澄んだ音がします。殴ってみましょうか？（第三作『フーテンの寅』）

「アートマン」ということばを初めて聞いた方も多いかと思いますが、マハトマ・ガンジーの「マハトマ」は「マハー・アートマン」のことで、直訳すれば「偉大なアートマン」になりますが、「偉人」「大人物」という意味で理解されます。

そして、他者や他のものに対する「愛しさ」は自己中心的な観念から生まれるものではないのではないでしょうか。「愛しさ」の原語「プリヤ(priya)」は、欧米語の「友達(friend)」「自由

(free)」「喜び(ドイツ語 Freude)」と同族語と考えられています。この三つのことばの意味を深めて「本当の友達」「本当の自由」「本当の喜び」は、心の奥底から生まれてわいてくるものではないでしょうか。ちなみに、「プリヤ」は、漢訳では「可愛」とも訳されています。

ヤージュニャヴァルキヤと女性

ウパニシャッドの中で女性が登場する場面は限られていますが、ヤージュニャヴァルキヤをめぐって三人の女性が現われます。そのうち、カーティヤーヤニーは、トルストイの家出を理解せず、安定した生活を望む妻ソフィアのようですが、「(妻や母としての)女性の知の持ち主」として当然の立場にあります。マイトレーイーとの対話は、本来の自己を問い質し、在家から出家に踏み切る状況下にあります。また、ヴェーダの最終的な知識であるウパニシャッドは、秘儀として父から息子に伝授されますが、ヤージュニャヴァルキヤは妻にアートマンの知を教授しています。バラモンたちとの討論の中でも、ガールギーという女性が、二度もヤージュニャヴァルキヤに問答を挑んでいます。後代の文献では、マイトレーイーとガールギーは姪と叔母の関係にあり、マイトレーイーはガールギーらバラモンの質問に次々と返答するヤージュニャヴァルキヤを見て、弟子になろうとしましたが、女性であるため、結婚して第二夫人となったと伝えています。いずれにせよ、マイトレーイーとガールギーはウパニシャッドの二大賢女として『ブリハッド・アーラニヤカ・ウパニシャッド』に記されています。

アートマンを求めてヤージュニャヴァルキヤは出家しましたが、ここに引用した箇所がこの古代インドの文献で出家を明言する最初のものとされています。それでは、ブッダは出家後、五十年を経た最後の旅を通じて、どのようなことばを残したのでしょうか。

三　ブッダの出家と説法の旅

最後の旅のルート

ブッダはサーキヤ国の王子として生まれ(①降誕《ごうたん》。ルンビニー)、二九歳のときに老病死を克服する修行者を目指し出家しました。三五歳で悟りを開いた後(②成道《じょうどう》。ブッダガヤー(図1-1ではボードガヤー))、かつてともに修行していた五人の比丘《びく》に初めて法を説き(③初転法輪《しょてんぽうりん》。サールナート)、以後四五年間、説法の旅を続けました。今回は、ブッダが老齢八〇歳で病に罹り、入滅(④入涅槃《にゅうねはん》。クシナガラ)後、遺骨を分配するまでを伝承する『マハー・パリニッバーナ・スッタンタ』(『大般涅《だいはつね》槃経《はんぎょう》』)から、ブッダの旅を紹介します。

①から④の場所は「四大聖地」と呼ばれています。図1-1の地名は現代日本語として定着している表記で、原典の地名表記とは多少異なります。最後の旅の出発点Ⓐラージャグリハから入滅地④クシナガラに至る主要な地名について『マハー・パリニッバーナ・スッタンタ』に見られる地名表記を《　》内に示すと次の通りです。

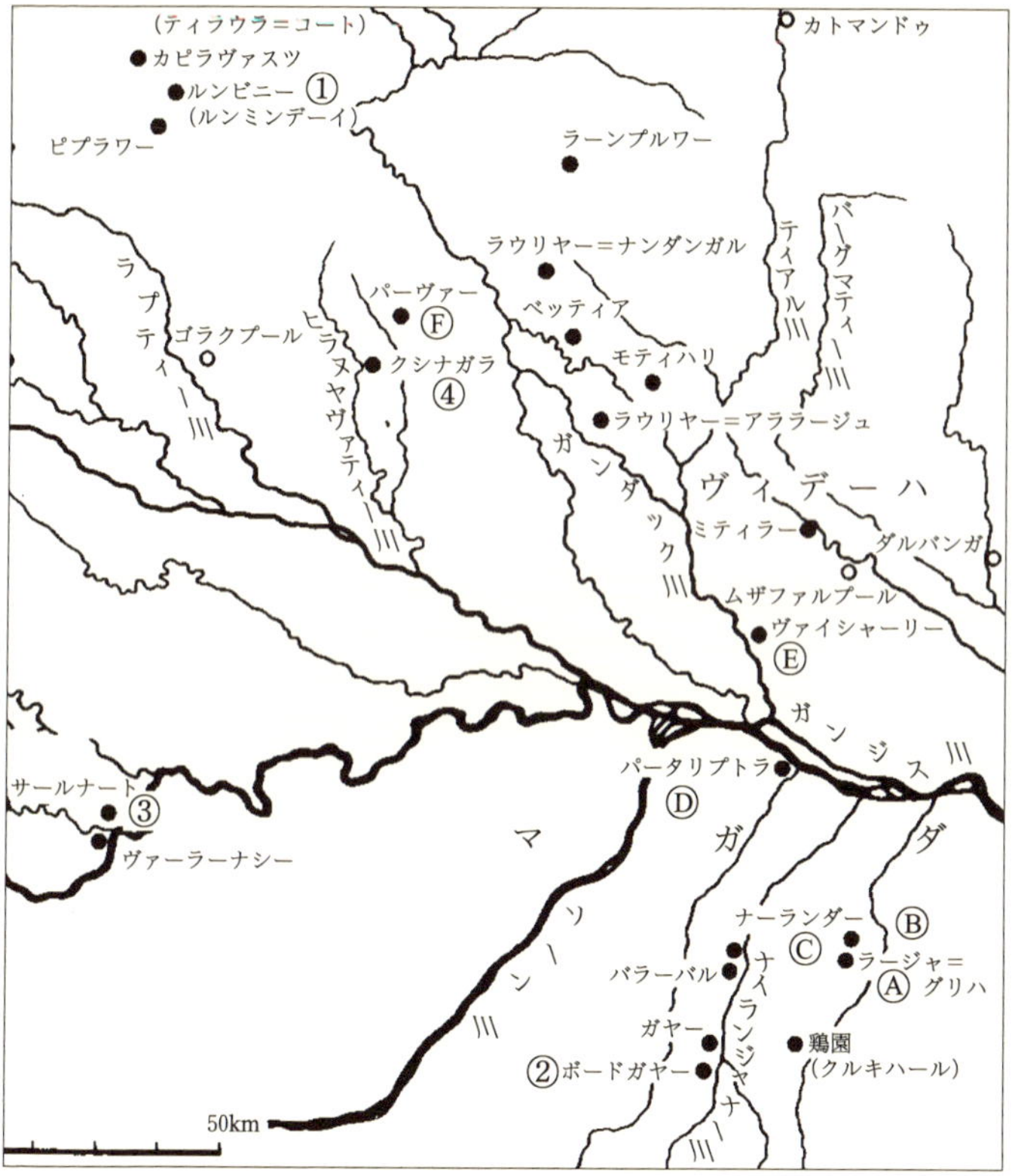

図 1-1　奈良康明『仏教史 I』(山川出版社，1979 年，87 頁)より。

Ⓐラージャグリハ《ラージャガハ》　Ⓑ(表記なし)《アンバラッティカー》
Ⓒナーランダー《〃》　Ⓓパータリプトラ《パータリガーマ》
Ⓔヴァイシャーリー《ヴェーサーリー》　Ⓕパーヴァー《〃》
④クシナガラ《クシナーラー》

Ⓐラージャガハから④クシナーラーまでの間にブッダはさまざまな教えを説きます。そして、この経は他の経典には見られない、老いて疲れ果てたブッダの姿を伝え、ブッダ亡き後の「仏とは何か？」ということを問いかけています。①〜③は青年ブッダが生地から文化の中心地を目指した旅ですが、「ブッダ最後の旅」の最終地は④クシナーラーで、ブッダは北を枕にして、沙羅双樹の間で入滅しました。この経路の北には、生地①ルンビニーがあります。

『マハー・パリニッバーナ・スッタンタ』概観

この経は、パーリ語というインドの古典語で伝えられています。その内容を、中村元訳『ブッダ最後の旅——大パリニッバーナ経』(岩波文庫、一九八〇年)から概観します(Ⓐ〜Ⓕ、④の場所は図1-1参照。①〜⑧はここで紹介する教説。[　]内の数字は原典の章・段落番号を表わし、[一・一]は[第一章第一段落]を指します)。

表1-2　四阿含と五ニカーヤ——原始仏典の基礎資料・略号

短編の経典		中編の経典	長編の経典	小経の集成	律蔵
内容による分類	数による分類				
S 相応部	A 増支部	M 中部	D 長部	U ウダーナ Sn スッタニパータ	V
雑 雑阿含	増 増一阿含	中 中阿含	長 長阿含	部分的に漢訳が現存	(略)

表1-3の最下段に「各節に含まれる主な共通資料」を加えましたが、ローマ字の略号で示されるパーリ語聖典と、漢字の略号で示される漢訳聖典では伝承が異なります。また、漢訳経典もいくつかの部派による伝承が混在していますが、この経典がいくつかの短編の経典をもとに構成されていることを示しています。原始仏教聖典は、伝承が異なるものの、漢訳では「四阿含」、パーリ語聖典では「五ニカーヤ」という経典群からなっています。漢訳経典では、経の長さによって分けられ(さらに短編の経典は表に示す通り二種類)、「四阿含」となります。パーリ語聖典では、さらに一四の経典を「クッダカ・ニカーヤ」に集めています。『マハー・パリニッバーナ・スッタンタ』は「長編の経典」に属しますが、『ウダーナU』は成道から涅槃までを説く経典で、涅槃の部分に含まれる三経が本経と同じ内容になっています。□の下にある数字(x-)yは、xが「巻・品・集・章」等の番号を、yが経番号を表わします。共通資料が石垣の大小の石のように集められ、本

経が構成されていることが分かります。

表1-3　『マハー・パリニッバーナ・スッタンタ』の内容と構成

[章・段落]	和訳の節と見出し	地名・教説等	各節に含まれる主な共通資料
[一・1]	一、鷲の峰にて	ラージャガハⒶ	増 40-2　中 142
[一・6]	二、修行僧たちに教える	教団存続の七法	増 40-2　中 142
[一・13]	三、旅に出る	アンバラッティカーⒷ	
[一・15]		ナーランダーⒸ	
[一・19]	四、パータリ村にて	パータリ・ガーマⒹ	U 8-6　A 5-213　V 226-
[二・1]	五、コーティ村にて	コーティ・ガーマ	V 230-
[二・5]	六、ナーディカ村にて	〈法の鏡〉◇1	S 55-10　雑 854
[二・11]	七、商業都市ヴェーサーリーⒺ		S 47-1　雑 622　増 19-11
[二・14]	八、遊女アンバパーリー	有力な女性信者	S 47-1　雑 622　増 19-11　V 231-
[二・21]	九、旅に病む	ベールヴァ村にて	S 47-09
[二・25]		人生の旅路◇2	S 47-09
[二・26]		自己を島、帰依所とせよ◇3	S 47-09 他数箇所　Sn 501偈参照
[三・1]	一〇、命を捨てる決意	ヴェーサーリーは楽しい◇4	U 6-1　A 8-70　S 51-10
[三・7]	一一、悪魔との対話	涅槃の宣言	U 6-1　A 8-70　S 51-10
[三・10]	一二、大地震に関連して	涅槃の前兆とその原因	U 6-1　A 8-70　増 42-5　中 36
[三・48]	一三、死別の運命	自己の帰依所◇5	

〔四・1〕	一四、一生の回顧	バンダ村へ	増42-3
〔四・5〕	一五、ボーガ市における四大教示		A4-1 A7-62 A4-180 増28-5
〔四・13〕	一六、鍛冶工チュンダ	パーヴァーⒻ	U8-5 Sn1-5
〔四・26〕	一七、臨終の地をめざして	プックサとの邂逅	U8-5 A4-127 M123 増25-3 中32
〔五・1〕	一八、病い重し	クシナーラー④ 四大聖地⑥	雑979 増42-3 中68
〔五・13〕	一九、アーナンダの号泣		増42-3
〔五・18〕	二〇、大善見王の物語		D17 中68
〔五・19〕	二一、マッラ族への呼びかけ		増42-3
〔五・23〕	二二、スバッダの帰依	善を求めて⑦	雑979 増42-3
〔六・1〕	二三、臨終のことば	最後のことば⑧	S6-15 増42-3
〔六・8〕	二四、死を悼む		S6-15 雑1197
〔六・13〕	二五、遺体の火葬		
〔六・24〕	二六、遺骨の分配と崇拝		

はじめに注意しなければならないのは、この経を「文学的」に読むか「教理的」に理解するかで印象が大きく変わることです。また、伝承も漢訳六点、サンスクリット本とチベット訳を合わせると全体で九点が存在し、内容の異同があります。中村元訳では神話的要素や教理的内容を排し、歴史的ブッダの真の姿を浮き彫りにすることに主眼を置いています（同書「解題」三二五頁以下をご覧くだ

さい）。この提言は中村博士の原始仏教研究に対する一貫した姿勢で、研究者をはじめ一般読者にも大きな影響を与えています。本経については「将来の研究に委ねる」とし、批判的な翻訳を提示しています。また、本経は先に示した通りさまざまな共通資料が知られますが、経典を「文学的」に読むか「教理的」に理解するかという問題にも触れつつ、原語を参照しながら「人生とは旅である」というテーマから、①〜⑧の箇所を取り上げ、内容別に紹介いたします。（　）内は和訳の頁数です。

1　人生の回顧

「人生の旅路」②［二・25］（六二頁）

アーナンダよ。わたしはもう老い朽ち、齢をかさね老衰し、人生の旅路を通り過ぎ、老齢に達した。わが齢は八十となった。譬えば古ぼけた車が革紐の助けによってやっと動いて行くように、恐らくわたしの身体も革紐の助けによってもっているのだ。

しかし、向上につとめた人が一切の相をこころにとどめることなく一部の感受を滅ぼしたことによって、相の無い心の統一に入ってとどまるとき、そのとき、かれの身体は健全（快適）なのである。

アーナンダはブッダの晩年の二五年間仕えた愛弟子で、仏典の多くはアーナンダに語りかけます。漢訳では「阿難」と音訳されますが「歓喜」「慶喜」とも意訳されます。ここでブッダが自分自身を回顧し、年齢を語ることは、きわめて異例なことです。そして、この記事から、ブッダが二九歳で出家し、その後五十年余の八〇歳で死を迎えたことが知られます。「人生の旅路を通り過ぎ」の原語「アッダ・ガタ」は、前後の表現が「老齢」を表現しているように「晩年」を意味します。原語「アッダ」は「道・時間」、「ガタ」は「行った」という意味で「道を行った」「時間が過ぎた」ことを表わします。この老いの表現全体が定型句として他の箇所にも用いられています。その中で、出家して長い時間が経ち、老齢となったと表現されるものがあり、「人生の旅路を通り過ぎ」という訳は、こうした意味を勘案した重みのある意訳と言えます。「古ぼけた車が革紐の助けによってやっと動いて行く」までの意味は一般的に理解ができますが、「向上につとめた人が一切の相をこころにとどめることなく」からは教理的理解が必要となります。こうした部分を省略していくと、経の内容が希薄になってしまいますので、仏典を「文学的」に読むことと「教理的」に理解することの両方が必要であることが分かります。

「善を求めて」⑦〔五・27〕（二五〇〜二五二頁）

スバッダよ。わたしは二十九歳で、何かしら善を求めて出家した。
スバッダよ。わたしは出家してから五十年余となった。

正理と法の領域のみを歩んで来た。これ以外には〈道の人〉なるものも存在しない。
第二の〈道の人〉なるものも存在しない。第三の〈道の人〉なるものも存在しない。
第四の〈道の人〉なるものも存在しない。
他の論議の道(=他派)は空虚である。――〈道の人〉を欠いている。
スバッダよ。この修行僧たちは、正しく住すべきである。そうすれば、
世の中は、真人たちを欠くことの無いものとなるであろう。

出家した理由が「善の探求」であることを、弟子入りを志願したスバッダに語っています。スバッダは遍歴行者で、他の伝承ではこのとき一二〇歳であったと言われます。出家を許可されたスバッダは阿羅漢(右の訳では「真人」)となり、ブッダの最後の直弟子となりました。なお、「正理と法の領域のみを歩んで来た」は「理にかなった法を説いてきた」と解することもできます。

次に、ブッダは、達成した目標を、弟子たちにどのように遺言したかを見ることにします。

2　遺　言

「自己の帰依所」⑤［三・51］(九七頁)

そこで尊師は修行僧たちに告げられた、「さあ、修行僧たちよ。わたしはいまお前たちに告げよう、――もろもろの事象は過ぎ去るものである。怠けることなく修行を完成なさい。久しか

らずして修行完成者は亡くなるだろう。これから三カ月過ぎたのちに、修行完成者は亡くなるだろう」と。尊師、幸いな人、師はこのように説かれた。このように説いたあとで、さらに次のように言われた。――

わが齢は熟した。わが余命はいくばくもない。
汝らを捨てて、わたしは行くであろう。わたしは自己に帰依することをなしとげた。
汝ら修行僧たちは、怠ることなく、よく気をつけて、よく戒しめをたもて。
その思いをよく定め統一して、おのが心をしっかりとまもれかし。
この教説と戒律とにつとめはげむ人は、
生れをくりかえす輪廻をすてて、苦しみも終滅するであろう。

「わたしは自己に帰依することをなしとげた」は意訳で、他の訳では「私の帰依処はできている」「私は自己の帰依所を作った」と直訳されています。この帰依所が涅槃であり、ヤージュニャヴァルキヤの説く「不死」を意味します。ヤージュニャヴァルキヤにとってはアートマンを知ることの一点に集中されていましたが、ブッダにとってはなすべきことをなし終えることであり、弟子たちにもそのように諫めています。

仏教徒の唱える「三帰依文」は「わたしは仏という帰依所に行く。わたしは法という帰依所に行く。わたしは僧団という帰依所に行く」と直訳されます。ブッダ自身は「涅槃」を帰依所とすることを成し遂げたと弟子たちに告げています。仏教は無我を説き、ウパニシャッドの説くアートマンを否定したと言われますが、先に述べましたように、アートマンをどのように捉えるかで解釈は大きく異なります。そこで「わたしは自己に帰依することをなしとげた」という訳は、ブッダが「善を求め……、理にかなった法を説いてきた」先にある、なすべきことをなし終えた自己であるという、積極的な意味で解釈されています。

参考――『法華経』の比喩

「帰依所に行く」「帰依所を作った」という「帰依所」について、「自己の帰依所」⑤と「人生の旅路」◇2の文を連想させる『法華経』の文句を紹介します。「如来壽量品」の比喩に見られるもので、「帰依所がない」ことの不安を子供たちにとって保護者である医者が死んでしまうことにたとえています。その不安をとりのぞくために医者が病気の子供たちに巧妙な手段を用いて薬を飲ませようと思い、次のように告げます。

わたしは年をとってしまった。よい子どもたちよ、わたしは老衰して、死期も近づいた。だが、おまえたちは悲しんではならぬ。また、気落ちしてはならぬ。

と言って、薬を飲むように指示し、他国へ出かけ、子供たちに自分が死んだと使者に告げさせます。

そのとき、子どもたちは非常に嘆き悲しむであろう。「われわれの父であり生みの親であり、また保護者で、われわれを慈しんでくれた、ただひとりの人だったのに、亡くなってしまった。今や、われわれは頼る人がない身の上となった。」かれらは頼る人のいなくなった自身を省みて、また庇護者のいない自分の身の上を考えて、繰り返し嘆き悲しむであろう。

ここで、仏は医者に、衆生は子供たちにたとえられていますが、原語では「自分には帰依所がない」という文が「庇護者のいない自分の身の上」と訳されています。『法華経』では、仏は常に存在し、「死んだ」と告げさせるのは方便にすぎません。薬を飲んだ子供たちは、その苦しみから完全に解放され、仏は医者として再び子供たちの前に姿を現わします(『法華経』(下)、岩波文庫、二七～二九頁)。

この「自分には帰依所がない」という文は「観《かん》世《ぜ》音《おん》菩《ぼ》薩《さつ》普《ふ》門《もん》品《ぼん》」では「自分たちがどうしようもないこと」と訳されています。

もし、隊商長が隊商の大部隊を率いて、高価な宝物をもって旅行している途中で、武器を携えた盗賊や悪漢や敵どもを見て怖れおののき、慌てふためいて、自分たちがどうしようもないこ

とを知ったとしよう。（『法華経』（下）、岩波文庫、二四七頁）

二つの比喩とも後半を省略しましたが、「帰依所がない」という否定句によって、父親のいなくなった子供たちの悲しみや盗賊に遭遇する隊商の不安を表わし、そこから、薬を飲もうとする自発心や観音菩薩に助けを求めることを導き出しています。

「最後のことば」⑧〔六・7〕（一五八頁）

そこで尊師は修行僧たちに告げた。——

「さあ、修行僧たちよ。お前たちに告げよう、

『もろもろの事象は過ぎ去るものである。怠ることなく修行を完成なさい』と。」

これが修行をつづけて来た者の最後のことばであった。

弟子たちには、修行を完成させることを遺言としています。その修行の具体的な内容が、至るところに見られますが、その中で、次に挙げる二つの教えは、特に重要なものと考えています。

3 自己と法

〈法の鏡〉①［二・8］（四九頁）

さて、アーナンダよ。人間たるものが死ぬというのは、不思議なことではない。しかしもしもそれぞれの人が死んだときに、修行完成者に近づいて、この意義をたずねるとしたら、これは修行完成者にとって煩わしいことである。

アーナンダよ。それ故に、わたしはここに〈法の鏡〉という名の法門を説こう。それを具現したならば、立派な弟子は、もしも望むならば、みずから自分の運命をはっきりと見究めることができるであろう、――〈わたくしには地獄は消滅した。畜生のありさまも消滅した。餓鬼の境涯も消滅した。悪いところ・苦しいところに堕することもない。わたしは聖者の流れに踏み入った者である。わたしはもはや堕することの無い者である。わたしは必ずさとりを究める者である〉と。

ナーディカ村で、多くの信者の死後の行方を説いた後のこのことばは、冷淡にさえ受け取られます。しかし、死期を迎えたブッダにとって、死後、弟子たちが「みずから自分の運命をはっきりと見究める」ために〈法の鏡〉という名の教えを説いています。「運命」という語を補っているのは、死後の行方という文脈を踏まえたものと言えます。先に見た「自己の帰依所」という表現は、「三帰依文」の「帰依」にあたることを述べましたが、「法の鏡」の教えの内容は、仏・法・僧団・聖戒を信じることであり、教理では「四不壊浄《ふえじょう》」と言います。弟子たちが「みずから自分の運命をはっきりと見究める」ことは、ブッダ自身の境地として述べられた「自己の帰依所」とすることを、弟子たちに説いていると言えます。自己と法をたよりにすることは、次の教えに明確に説かれています。

「自己を島、帰依所とせよ」③〔二・26〕（六三〜六四頁）

それ故に、この世で自らを島とし、自らをたよりとして、他人をたよりとせず、法を島とし、法をよりどころとして、他のものをよりどころとせずにあれ。

アーナンダよ。このようにして、修行僧は自らを島とし、自らをたよりとして、他人をたよりとせず、法を島とし、法をよりどころとして、他のものをよりどころとしないでいるのである。

アーナンダよ。今でも、またわたしの死後にでも、誰でも自らを島とし、自らをたよりとし、他人をたよりとせず、法を島とし、法をよりどころとし、他のものをよりどころとしないでいる人々がいるならば、かれらはわが修行僧として最高の境地にあるであろう、――誰でも学ぼうと望む人々は――。

「この世で」すなわちブッダ亡き後は、「自己と法を島、帰依所」とすべきことが説かれます。

「自らを島とし、自らをたよりとして」の「たより」は「帰依所」と訳された「サラナ」ということばです。この語の否定形が「庇護者のいない」、「どうしようもないこと」と訳されることを『法華経』の比喩に見ました。「庇護者のいない」に先行する「頼る人のいなくなった」は「主人なき」と直訳されますが、「庇護者」と「主人」はアートマンを形容する同義語であり、『ウダーナ・ヴァルガ』という詩集の中に、その用例が見られます。

実に自己こそは自分の主人である。自己は自分の帰依所である。故に自分を制御せよ。(『ウダーナ・ヴァルガ』一九・一四、『ブッダの真理のことば・感興のことば』岩波文庫、一九七八年、二一九頁参照)。

なお、『ダンマパダ』三八〇では、「帰依所(サラナ)」にあたる箇所は「帰趨《よるべ》(ガティ)」となっています(『ブッダの真理のことば・感興のことば』六三頁)。

「島」にあたるパーリ語は「ディーパ」で、「島」と「灯火」の両義があります。漢訳では「灯火」の意味に解して、伝統的に「自灯明・法灯明」の教えとして伝わっています。

弟子たちへの遺訓とこの二つの教えに見られる文には、「自己(アートマン)」と「帰依・たより(サラナ)」が共通していることが知られます。さらに、「人生の旅路」②と「自己を島、帰依所とせよ」③の教えは連続する箇所で、これまでに挙げた①・②・③・⑤・⑦・⑧の六箇所の引用は、

『マハー・パリニッバーナ・スッタンタ』の核心的部分と言えます。「自己を島、帰依所とせよ」の教えの実践的内容を、教理では「四念処《ねんじょ》」と言います。先に挙げた「四不壊浄《ふえじょう》」、そしてこの「四念処《ねんじょ》」は仏道修行の上で大事な項目になります。次に、残る二箇所④⑦を引用し、修行道とは別の視点があることを述べたいと思います。

4　国土の賛美と巡礼

「ヴェーサーリーは楽しい」④〔三・2〕(六六頁)

アーナンダよ。ヴェーサーリーは楽しい。ウデーナ霊樹の地は楽しい。ゴータマカ霊樹の地は楽しい。七つのマンゴー霊樹の地は楽しい。バフプッタ霊樹の地は楽しい。サーランダダ霊樹の地は楽しい。チャーパーラ霊樹の地は楽しい。

「命を捨てる決意」をする場面で、国土を賛美することは異例なことです。ブッダはこのことばを三回繰り返しますが、アーナンダには理解できませんでした。そこでブッダはアーナンダを退出させ、悪魔(死)に対して涅槃に入ることを宣言します。教理的には、ブッダが「命を捨てる決意」をしたのは、愛弟子が悪魔にとりつかれ、ブッダの意図が理解できなかったためであると説明されますが、「ヴェーサーリーは楽しい、……霊樹の地は楽しい」というブッダのことばは、共通資料としてパーリ語聖典の中に三箇所も知られているのであり、「怠けることなく修行を完成なさい」

という誡めのことばとは別な、満足感に満ちた響きがあります。サンスクリット本では、さらに「国土は美しく、人間の命は甘美なものだ」という文が加わり、この感慨をさらに深めます。

「霊樹の地」と訳されている原語「チェーティヤ（樹神が宿るところ）」は、ウデーナ、ゴータマカ等の名を持つ樹のある場所と解されます。これらの霊樹の場所がヴェーサーリーとともに賛美されています。霊樹が土を盛った塚に、そして煉瓦で築かれた霊廟となり、塔（ストゥーパ）に発展しますが、その中に安置されているのがブッダの遺骨です。経の最後「二六、遺骨の分配と崇拝」に、遺骨が八つに分配され、そのときに用いた瓶、残された灰、合わせて一〇のストゥーパが各地に建立されたことが記されています。

「四大聖地」⑥［五・8］（一三〇頁）

アーナンダよ。信仰心のあるまじめな人が実際に訪ねて見て感激する場所は、この四つである。その四つとはどれどれであるか？

①〈修行完成者はここでお生れになった〉といって、信仰心ある良家の子が実際に訪ねて見て感激する場所がある。

②〈修行完成者はここで無上の完全なさとりを開かれた〉といって、信仰心ある良家の子が実際に訪ねて見て感激する場所がある。

③〈修行完成者はここで教えを説き始められた〉といって、信仰心ある良家の子が実際に訪ねて

見て感激する場所がある。

④〈修行完成者はここで煩悩の残りの無いニルヴァーナの境地に入られた〉といって、信仰心ある良家の子が実際に訪ねて見て感激する場所がある。

アーナンダよ。これらの四つの場所が、信仰心ある良家の子が実際に訪ねて見て感激する場所である。

最後に挙げる記事は、四大聖地（①〜④。一三頁参照）を説くものです。これは、先の六例に比べて趣の異なるもので、修行ではなく四大聖地への巡礼を勧め、ブッダの足跡を拝み・辿ることが目的となっています。『マハー・パリニッバーナ・スッタンタ』の編纂はアショーカ王以降と考えられていますが、仏滅百年後にインドを治めたアショーカ王はこれらの聖地をはじめとしてインド各地に石柱やストゥーパを建て、自らも聖地を巡礼しています。ストゥーパはアショーカ王以後も数多く建てられましたが、四大聖地をはじめとするインド各地の仏跡は、観光地として多くの人々を集めています。

四　自己の探求と旅

ヤージュニャヴァルキヤはアートマンを知ることを妻マイトレーイーに説き、ブッダは最後に自己に帰依し、弟子たちにも自己を帰依所とせよと説いています。両者はともに出家しましたが、ヤージュニャヴァルキヤの出家後の足どりをウパニシャッドは伝えることはありません。しかし、年代的にも思想的にもブッダはヤージュニャヴァルキヤに通じるものがあり、出家という共通のテーマから考えてみました。ヤージュニャヴァルキヤはバラモン、ブッダはクシャトリヤから沙門となったのであり、両者の背景は異なりますが、真の自己（アートマン）の探求の問題を取り上げました。最後に、仏典の中で最も広く読まれている『ダンマパダ』（『真理のことば』）第一二章（「自己の章」）とサンスクリット語『ウダーナ・ヴァルガ』（『感興のことば』）第二三章（「自己の章」）・第五章（「愛するものの章」）から引用して、結びとさせていただきます。

もしもひとが自己を愛しいものと知るならば、自己をよく守れ。

（『真理のことば』第一五七詩前半、『感興のことば』第五章第一五詩前半・第一六詩前半）

自己こそ自分の主である。他人がどうして〈自分の〉主であろうか？

（『真理のことば』第一六〇詩前半、『感興のことば』第二三章第一一詩前半～第一八詩前半）

どの方向に心で探し求めても、自分よりさらに愛しいものをどこにも見出さなかった。
そのように、他人にとってもそれぞれの自己が愛しいのである。
それ故に、自分のために他人を害してはならない。

（『感興のことば』第五章第一八詩）

【読書案内】（○はこの講座で参照した書です）

○服部正明訳「ウパニシャッド」長尾雅人責任編集『バラモン教典・原始仏典』（世界の名著1）、中央公論社、一九六九年所収。

主要なウパニシャッドの部分訳五点を含む。

服部正明『古代インドの神秘思想――初期ウパニシャッドの世界』講談社現代新書、一九七九年。講談社学術文庫、二〇〇五年として再刊。

初期ウパニシャッドの内容を知るための好著。

○中村元訳『ブッダ最後の旅――大パリニッバーナ経』岩波文庫、一九八〇年。

他に『ブッダのことば』『ブッダの真理のことば・感興のことば』をはじめとする著者の岩波文庫訳六点は、原始仏典の古層の部分の和訳で、仏教特有の用語が一般読者にも分かりやすく翻訳されています。また、岩波文庫にはいくつかの大乗仏典の翻訳もあり、本章では『法華経』（全三巻）から一部引用しました。

中村元著『遊行経《ゆぎょうきょう》 上・下』（仏典講座1）、大蔵出版、一九八四～一九八五年。

漢訳『遊行経』と戦後公刊されたサンスクリット語本の翻訳と解説。

○渡瀬信之著『マヌ法典――ヒンドゥー教世界の原型』中公新書、一九九〇年。

古代インドの社会制度が、具体的かつ明瞭に解説されています。

渡瀬信之訳『マヌ法典』中公文庫、一九九一年。

従来の和訳の内容を刷新するサンスクリット原典の全訳。

第二章　聖書と旅

佐々木　啓

はじめに

今日では、何であれ知識や情報を得ることがますます容易になっています。図書館に行って、文献を探し出して、といったような、以前ならば避けられない面倒な手続きや作業がいらなくなってきました。つまり、インターネットとともに、コンピュータのみならず、iPad のようなタブレット端末、さらにはスマートフォンなどの普及により、いつでも、どこにいても、簡単にいろいろなことが調べられる世の中になってきました。

そこで、試しに、「世界の宗教人口」といったものを調べてみましょう。するとすぐに、その種の統計データをいくつもネット上に見出すことができます。そういった統計によれば、世界中で最も信徒数が多い宗教はキリスト教であり、その割合は、世界の総人口の三割強です。インターネット上にあるさまざまな情報については、その信憑性に十分注意を払うよう常々言われています(学生にもそう指導しています)。ただし、この「世界の宗教人口」に関しては、上述のような基本データを信頼してよさそうです。つまり、世界で最も信徒数が多い宗教はキリスト教であること。そして、その数は世界の総人口の三〇%強、二十数億人であること、などです。しかし、これで事態を理解したかのように思うのは早計です。

そもそも、「キリスト教」とひと口に言っても、それは、ローマカトリック教会、プロテスタント諸教会、東方正教会に属する諸教会などに大別できます(この場合の「教会」とは、一つ一つの建物としての教会のことではなく、あるまとまった組織としての存在のことです)。本章の主題ではないので、ここではあまり詳しく論じませんが、キリスト教の中でも十数億人という最大の信徒数を誇るローマカトリック教会と、信徒数が三~四億人とされるプロテスタント諸教会の違いについて若干触れておきましょう。

ローマカトリック教会は、制度的には、ローマのヴァチカンに座す教皇を頂点とする世界規模の階層組織《ハイアラーキー》になっています。つまり、日本でわれわれの身近にある個々のカトリック教会は、世界の津々浦々にあるカトリック教会ともども、下位組織として、司教区、大司教区を経てヴァチカンにまでつながっているのです。また、聖職者は、教皇と教皇を選出する選挙権を持つ枢機卿団以下、大司教、司教、司祭、助祭といったように世界規模でいわば縦に秩序づけられています。それに対して、一六世紀の宗教改革以降ローマカトリック教会と袂を分かったプロテスタント諸教会は、今や世界中に広まっており、同系の教会がまとまる場合もありますが、世界規模の単一の組織なわけではありません。簡単に言えば、われわれの身近にある個々のプロテスタント教会は、それぞれの教会としての独立性が高いと言えます。また、プロテスタント教会では、それぞれの教会や、ある程度それらの教会がまとまった場合——専門的には、そういったまとまりを「教派（denomination）」と言う——の組織のあり方は多様です。聖職者に関しても同様で、プロテスタント教会の場合は、個々の聖職者の位置づけはさまざまであり、自立性も高く、牧師のような聖職者自体がいない集団もあります。

そして、厄介なことに、ローマカトリック教会をはじめ、世界中にあまたあるプロテスタント諸教会も、程度の差こそあれ、自分たちの教会こそが「真の・正しい教会である」と主張するのです。

さらに、ローマカトリック教会とプロテスタント諸教派の宗教実践、主として日曜日に行なわれる礼拝など、すなわち種々の儀礼のあり方もさまざまです。カトリック教会で「典礼」と呼ばれる主要な礼拝の儀式は、形式的にきわめて整えられたものです。それに対して、プロテスタント諸教派の礼拝は、組織のあり方と同様にその自由の幅はきわめて広くなっています。例えば、日本では聖公会と呼ばれるイングランド国教会（Church of England）に連なる教派の礼拝は、カトリック教会の典礼に近いものですが、合衆国のプロテスタント教会の中には、かなり極端な例とはいえ、礼拝でガラガラヘビを用いる「スネーク・ハンドラー（snake handler）」と呼ばれるような「キリスト教徒」までいるのです。

「ガラガラヘビを礼拝に用いる」と言われてもぴんとこないかもしれませんが、冒頭に記したように、現代は便利な時代です。百聞は一見にしかず。インターネットに接続すれば、新たに就任したローマ教皇フランシスコの就任式やイングランド国教会の首長たる女王エリザベス二世の孫ウィリアムの壮麗な結婚式、そして件の名も知れぬアパラチア住民のスネーク・ハンドラーの礼拝に至るまで、各種の「キリスト教」の礼拝を動画で容易に見ることができます。

このように論じてくると、たとえ世界で信徒数の最も多い宗教がキリスト教であるとしても、右に記したように外面的にもきわめて多様な現われを持つ「キリスト教」をそもそも一つにくることはできるのか、キリスト教を一つのまとまった存在として定義づけるものはいったい何なのか、といった疑問がわいてくるでしょう。

例えば、それはもっと内面的な、つまり「教義」のようなものではないか、と問われるかもしれませんが、それもあたりません。ローマカトリック教会では「キリストの代理人」ともみなされる教皇の権威も、プロテスタント教会では否定されます。また、有名な「三位一体」のような教義ですら、近代以前であればもしそれを否定すれば異端として厳しく断罪されたわけですが、今日のキリスト教徒がすべて「三位一体」を厳密に認めているわけではありません。つまり、いわゆる教義の面においても、キリスト教は(おそらくはもともと)非常に多様なものなのです。

そこで、無理を承知で、私は最近「キリスト教」というレッテルに共通するいわば最大公約数を、以下のような三点にまとめて提示することにしています。①世界の創造者にして支配者たる唯一の神というものを何らかの仕方で信じる。②その神と、二千年ほど前に実在したとされるイエスという人間との、これまた何らかの意味における関係をいろいろ論じる(例えば、「イエス・キリスト」という呼称そのものも、その帰結の一つです。つまり、「イエス・キリスト」とは「イエス」という人間が、神的な「キリスト＝救世主」なのだ、ということです)。③その際に、聖書という一群の文書を重視する(例えば、先に記した礼拝でガラガラヘビを扱うスネーク・ハンドラーたちの行為がいかに狂気じみて見えようとも、実は彼らがそうする根拠は(少なくとも彼ら自身によれば)聖書にあるのです。「マルコによる福音書」第一六章一八節で、イエスが弟子たちを伝道へと派遣する際に発したとされる言葉「手で蛇をつかみ、毒を飲んでも決して害を受けず、病人に手を置けば治る」によっています。ただし、聖書の古い写本を校合し、元来のものを正確に復元しようとする「本文批評」と呼ばれる文献学的研究により、この福音書の古い写本には当該箇所が欠けていたことが判明しており、右の言葉は、「マルコによる福音書」にはそもそも存在していなかった文章とみなされ、日本語聖書でも括弧に入れられたりしています。聖書には、現代の文献のような著者原本のようなものは存在せず、大小さまざまな写本、すなわち手書きによるコピーが大小多数残っているだけです)。

以上のような前置きを経て、キリスト教におけるさまざまな考えを聖書という書物との関連において論じる準備ができたと考えます。本章では、「旅」というキーワードをめぐって、世界で最大の信者数を誇るキリスト教という宗教はいったい何を説いているのか、あるいは、そもそも「旅」に関してキリスト教は何ごとかを説いているのか、といったことを、「聖書」を手がかりに探ってみたいと思います。

一　旧約聖書と新約聖書

さて、「はじめに」で述べたように、およそキリスト教であるならば、何らかの仕方で聖書に拘るはずです。しかし、これもすでに述べたことですが、キリスト教というものの多様性に鑑みるなら、キリスト教徒と呼ばれる人々の聖書に対する態度もまた実にさまざまなのです。

例えば、(後でいくつか紹介するような)聖書に記述された事柄の歴史性という点に限っても、それはすべて紛れもない事実であるとする立場から、そのすべてとは言わないまでも、その多くがいわば神話的な書き物であるとする立場まで、いろいろなスタンスがあります。だから、「キリスト教徒は聖書を信じる」などと言っても、それはあまり意味をなしません。つまり、「聖書の何をどのように信じるのか」という問いが、必ずそれに続くからです。

そもそも、聖書は、時間的に言うならば、旧約聖書では数百年をかけて、新約聖書ではもっと短い百年から数十年の期間に、はじめは口頭伝承によって伝達されていたものが徐々に書き留められ、そのようにして記述されたさまざまな文書の材料(「資料」という)をもとにまとまった文書が成立し、さらにそれらの文書が取捨選択されて「正典」という確固とした地位を確立するようになった、と学問的には考えられています。

「正典」とは、信仰の「基準(英語 Canon)」としての旧約聖書と新約聖書(それに含まれる諸文書)のことです。Canon という英語は、もともと、物差しとして用いるまっすぐな棒を意味した κανών というギリシャ語に由来します。そこに含まれる文書は、カトリック教会、プロテスタント教会、東方正教会などによって若干異なりますが、それらすべてにおいて共通して「正典」と認められるのは、旧約聖書三九文書、新約聖書二七文書、合計六六の文書です。

ようするに、聖書というのは、右に記したように長い時間的過程を経て徐々に成立した多様なジャンルの、基本的に六六の宗教的文書の集成なのです(それを全体として「正典」と呼びますが、六六の文書それぞれも「正典」です)。聖書は大別して旧約聖書と新約聖書からなるわけですが、新約聖書こそがキリスト教独自の文書群であり、旧約聖書の諸文書は、キリスト教のいわば母体であるユダヤ教の聖書でもあるのです。「旧約」、「新約」というのは、神と人との「旧い契約」と「新しい契約」というキリスト教による呼称であり、「新旧」というある種の価値づけを含んだものです。ユダヤ教にとっては、「旧約聖書」のみが「聖書」であり、それは決して「旧い」わけではないので、英語圏では、そういった点に配慮して、近年では、Hebrew Bible や Jewish Bible といった呼び方がなされています。もう少し分かりやすく言えば、イエス・キリストの話が書いてあるのは新約聖書だ、ということです(ただし、キリスト教の立場によれば、「旧約聖書においてイエス・キリストが預言されている」、ということになります)。

しかし、この分厚い聖書を最初から通読するならば、さまざまな観点から、旧約聖書と新約聖書における様相の違いに気づくはずです。例えば、キリスト教では「愛の神」などとよく言われますが、旧約聖書では、神の「愛」というよりはその「非情さ」に驚くはずです。どうやら、キリスト教ではない人々、つまりは多くの日本人にとって、旧新約聖書全体を一貫した一人(?)の「愛の神」の物語として読み通すのは困難なようです。

こういった疑問への応答を含めて、聖書全体についての概説を試みるなら、優に一年分の講義時間が必要です。ここでは、与えられたテーマに集中して先を急ぐことにします。

聖書、とりわけ旧約聖書には、およそ人間の生に関する話ならどんなものでも出てきます。日常の寝食の話から殺人や戦闘に至るまで、邪な出来事からこの上なく崇高な行ないまで、聖書には人間の行為である限り何でも書かれている、と言っても過言ではありません。したがって、「旅」もまた聖書には頻繁に現われてきます。というより、聖書を冒頭から読み進むなら、「旅」というものが聖書全体を貫いて主要なモチーフの一つであることに気づくはずです。それでは、旧約聖書と新約聖書に分けて、そこに書かれている「旅」について見直してみましょう。

二　旧約聖書における旅

日本語聖書の用語索引で調べてみると、「旅」という語が聖書にも頻繁に出てくることが分かります(本章で主に依拠する『聖書 新共同訳』については、日本聖書協会のホームページ上でもそういった検索が可能です)。ただし、それらは、旧約聖書の原語であるヘブライ語の動詞 הלך(基本的には「行く」といった意味)や יצא(基本的には「出立する」といった意味)、同じく、דרך(基本的には「道」という意味)や מוצא といった名詞(基本的には「出立」といった意味)を、文脈に沿って「旅する」や「旅(路)」などと訳したものです。旧約聖書において「旅」を専ら表わすヘブライ語はないように見えます。

しかし、とりあえず、「旅」を、その時間的あるいは距離的長短にかかわらず、空間的・地理的な移動と考えるならば、旧約聖書の話には「旅」が溢れていると言えるでしょう。あまり学問的に面倒な手続きに拘泥せずに、旧約聖書をひもとくなら、冒頭からそれは「旅」また「旅」の話であるとも言えます。

旧約聖書の最初の文書は「創世記」と呼ばれますが、読んで字のごとく、世界の創造とそれに続く人類、とりわけ後にユダヤ人と呼ばれるようになる人々の歴史(と考えられた出来事)の物語になっています。

神による六日間にわたる世界やそこに棲む動物の創造と「安息」に続いて、アダムとエバ（イヴ）のいわゆる「失楽園」の物語が続きますが、これは、楽園からの「追放」（創世記三・二四。聖書文書の章と節は、いちいち何章何節とすると煩雑になるので、以下ではこのように記します）という形ではありますが、ある種の「旅」、余儀なくされた放浪の「旅」の物語と言えるでしょう。続く創世記第四章の人類最初の殺人事件とも言うべきカインとアベルの物語でも、「カインは主の前を去り、エデンの東、ノド（さすらい）の地に住んだ」と意味ありげな地名の由来の話となっており、これもやはりある種の「旅」、「さすらい」の「旅」を含んだ話と言えるでしょう。創世記第六章〜一〇章は、これも誰しも知っている「ノアの箱舟」の話です。「箱舟は大地を離れて浮かんだ」（創世記七・一七）のち、百五十日後に「箱舟はアララト山の上に止まった」（同八・四）と書かれてあることから、やはりこれもある種の目的地の定まらない流されるままに漂う「旅」だったことがうかがえます。さらに、創世記の第一一章は、人類が多言語になった起源譚としてこれもよく知られた「バベルの塔」の話です。この話の最後に、「主は彼らをそこから全地に散らされた」と二度（同一一・八、九）も繰り返されているように、人間たちが壮大な規模で「旅」立たせられたのだと理解できるでしょう。

さて、創世記の第一二章以下は「族長（patriarch）物語」などとも呼ばれ、アブラハム、イサク、ヤコブ、そして、特に第三六章から創世記の最後第五〇章までは、ヤコブの息子ヨセフを中心とした、ユダヤ人の先祖とされる人物たちの話になっています。この一連の物語は、まさしく大陸規模で移動する彼らの歴史大河物語です。その始まりは、ユダヤ人の始祖たるアブラム（後にアブラハムと改名)が、父テラらとともに「カルデアのウル(現代のイラクのユーフラテス河口のペルシャ湾岸にあったと考えられている町)を出発」(同一一・三一)し、さらに神によって約束された土地を目指して、一時滞在していたハラン(古代シリア地方の北部にあった都市)を「主の言葉に従って旅立った」(同一二・四)ことに始まります。この波瀾万丈の一族の「旅」は、「総数七十名」(同四六・二七)の、アブラハムから数えると五代目までを含むヤコブの孫子《まご》を含む家族が、エジプトの「ゴシェンの地に到着」(同四六・二八)することによってとりあえず終わりを迎えます(この「族長物語」の部分で、先に言及したようなヘブライ語が頻繁に用いられており、日本語聖書には「旅」という語も頻出します)。

右に記したのは、創世記の歴史物語を、「旅」を中心に、きわめて大雑把な仕方でまとめたものです。創世記は旧約聖書の三九文書中の最初の一書にすぎませんが、このように改めて読み直してみると、そのほとんどが「旅」の話、少なくとも何らかの形で「旅」に関わる話と言っても誇張ではないでしょう。

ただし、本節の冒頭にも記したように、「旅」を専ら表わすヘブライ語、あるいは英語の trip / travel / journey などに画一的に相当するようなヘブライ語が存在していないことから考えても、果たしてこれら創世記の「旅」が日本語の「旅」とまったく同じ概念なのかどうかは、別途検討してみる余地がありそうです(「旅」という訳語が頻出する日本語聖書で読む限り、これらがわれわれ現代日本人の考える「旅」と同じように思えてしまうかもしれませんが……)。

例えば、広辞苑などを引くと、「旅」は「一時的」なものと書いてあります。別の言い方をすると、「旅」には、現在住んでいるところを暫く離れて戻るというニュアンスがあるのではないでしょうか。あるいは、それらの行動が自発的なものであるという含みがあるのではないでしょうか。

それに対して、右で概略を記した創世記の「旅」はみな、「あなたは生まれ故郷／父の家を離れて／わたしが示す地に行きなさい」(同一二・一)という神の命令に従ったアブラハムの「旅」に典型的に見られるように、自主的というよりはむしろ(神の)強い力によって余儀なくされたものであり、「一時的」で「また戻る」というよりも、場合によっては二度と出発地に戻らない、あるいは戻れない、悲壮な決意を要するものであるように思われます。だとすると、奇妙な言い方かもしれませんが、旧約聖書、少なくとも創世記には、今日的な意味での「旅」というものはないのかもしれません。そこにあるのは、あくまで「旅」のようなものなのかもしれません。あるいは、ここから逆に今日的な(あるいは日本的な？)「旅」の暫時性や随意性といった特徴が浮かび上がってくるでしょうか。

ここまで見てきた「旅」は、旧約聖書の最初の一文書である「創世記」についてだけです。創世記に始まる旧約聖書には、この他に三八の文書があり、ヘブライ語原典の頁数でざっと計算すると、創世記は旧約聖書全体の五％ほどにすぎません。それでは、旧約聖書の残りの九五％の部分において、こういった「旅」の現われ具合が異なっているかというと、そうではありません。創世記に続く諸文書においても、旧約聖書においては、変わらず、この「旅」は、陰に陽に話の主要なモチーフであり続けます。したがって、この調子で細かく「旅」を旧約聖書の中から拾い上げていくならば、すぐに紙数が尽きてしまうでしょう。

旧約聖書の文書は、「創世記」の後、それを含めて「(モーセ)五書」と呼び慣わされてきた「出エジプト記」、「レビ記」、「民数記」、「申命記」と続きますが、これらの文書も全面的に「旅」の物語と言えます。「レビ記」や「民数記」は、現代で言うところの社会的・政治的な法律、あるいは宗教的・道徳的な規則など、「律法」と呼ばれるものを列挙した部分が多くなっています。しかし、これらの五書においても、ヤコブの家族の移住ののち奴隷状態に陥っていたエジプトから、古代イスラエルの指導者モーセに率いられて脱出し、再び父祖の地へと向かうユダヤ人たちの「旅」が、ストーリー全体の枠組みなのです。

その後に続くユダヤ人の歴史的物語部分(「ヨシュア記」、「士師記」、「ルツ記」、「サムエル記上・下」、「列王記上・下」、「歴代誌上・下」、「エズラ記」、「ネヘミヤ記」、「エステル記」)においても「旅」の話には事欠きません。イスラエルの民がようやく神によって約束された土地＝カナンに入り、やがて統一王国を築く「サムエル記上」までの話は、イスラエルと異民族との戦争の記録ですが、それはまた、各地の戦場へ向かう「旅」の記録とも言えるでしょう。

ダビデ、ソロモン王時代の繁栄ののち、「列王記上」第一二章以下、さらに「列王記下」では、この王国が、ほどなく南北に分裂し、最後には強大なアッシリアやバビロニアといった近隣の帝国に滅ぼされてしまうまでの出来事が記されています。この間も、さまざまな戦闘の「旅」は続きますが、最後にユダヤ人たちは、日本人も高等学校の世界史で習う「バビロン捕囚（紀元前五八七年ないし五八六年）」という民族的大災厄に見舞われることになります。この「捕囚」もまた、被征服民（ユダヤ人）が征服者の土地（バビロニア）に強制移住させられるという、悲惨かつ大規模な「旅」の物語であると言えるでしょう。

その後、ユダヤ人の国を滅ぼした大国バビロニアも、さらなる大国ペルシャによって滅ぼされ、今度は、ユダヤ人たちは、自分たちの土地への帰還という喜ばしい「旅」を行なうことになります。そのあたりの経緯が記されているのが、「エズラ記」や「ネヘミヤ記」です。

旧約聖書の歴史的物語部分はここで終わりとなります。世界の始まりからなどという記述がされている出来事の史実としての正確さについては、今日の学問的な観点からすると、いろいろ疑問符がつけられますが、ここまでの話を、今日の学問的・世俗的な（つまり、聖書によるものではない）世界史の年表上に位置づけるならば、紀元前五世紀の終わり頃までの出来事ということになります。

キリスト教の旧約聖書では、上述の歴史的物語を綴った文書の後に、物語、詩や格言のようなものをまとめた一群の文学的文書（「ヨブ記」、「詩編」、「箴言」、「コヘレトの言葉」、「雅歌」）と、預言者と呼ばれるユダヤ教における重要な宗教者たちの発言を集めた預言書（「イザヤ書」、「エレミヤ書」と「哀歌」、「エゼキエル書」、「ダニエル書」（ただし、これは後述する「黙示文学」に該当します）という大きめの預言書、十二小預言者と呼ばれる「ホセア書」、「ヨエル書」、「アモス書」、「オバデヤ書」、「ヨナ書」、「ミカ書」、「ナホム書」、「ハバクク書」、「ゼファニヤ書」、「ハガイ書」、「ゼカリヤ書」、「マラキ書」）が続きます。

「詩編」や「箴言」のような文学書は、特に「箴言」などは、ある種の格言集といったジャンルの性格上、「旅」が表面に現われることはあまりありません。しかし、例えば、詩編第一三七篇のように、いくつかの詩篇の背後には、民族の悲惨な体験である「捕囚」という「旅」の記憶が横たわっていることが予想されます。

基本的に預言者たちの言葉の集成である預言書も、それらが人々への警告や慰めといったものである性格上、とりあえず「旅」そのものが特に主題となるわけではありません。しかし、やはり「捕囚」という出来事をめぐって上述の預言者（書）たちの活動時期を整理できることからも分かるように、主にこの悲劇的な「旅」についての予感、警告、嘆き、希望などの言葉を彼ら預言者たちは発するのです。また、「エレミヤ書」（第五四章以下）のように、預言者の言葉に「捕囚」とは別の「旅」の物語が重要な枠組みを与えているような預言書もあります。

以上、ここまで、「旅」という語をキーワードにして、旧約聖書の諸文書を概観してきましたが、ここでひとまずそれを終え、次に「新約聖書」に関して同様の作業を試みてみましょう。

三　新約聖書における旅

キリスト教の聖書は旧約聖書と新約聖書によって構成されているわけですが、素直に両者を読み比べると、神の姿(ただし視覚的な見かけではない)など、いくつもの観点からして相違が浮き上がってくる、と先に書きました。それならば、「旅」というキーワードをめぐっても、例えば、旧約聖書において端的に「旅」が話題となる場面が多かったわけですが、そのような点でも新約聖書は異なっている、と言えるかというと、そうではありません。つまり、新約聖書においても、やはり「旅」は目立っています。いや、さらにいっそう際立って、最初に定義づけた地理的・空間的移動という意味における多くの「旅」が話題になっています。

前節で述べたように、旧約聖書は、歴史的物語などの種々の物語あり、法律や道徳的・宗教的な規則集(律法)あり、詩集や格言集あり、さらに預言者の書など、その他文学的に見ても、多様なジャンルからなる文書の集成でした。それに対して、新約聖書というのは、福音書とその続編とも言うべき使徒言行録(学問的には、「使徒言行録」は「ルカによる福音書」と同一の記者によるその続きと考えられています)、手紙、そして黙示録という、四種類のジャンルの文書からなっています。新約聖書全体の分量も、旧約聖書のおよそ三〇%と少ないのですが、旧約聖書と比較すると限定されているジャンルと分量においてすら、「旅」はいっそう顕著に現われてきます。

「福音書」というものをどのように定義するかということに関しては、学者たちの間でいろいろ議論されているところですが、ごく簡単に言えば、それはイエス・キリストの伝記、言行録ということになります。したがって、「福音書」の続編である「使徒言行録」というのは、イエス・キリストの弟子たちの伝記、まさしく彼らの「言行」の「記録」です。「福音書」にせよ、「使徒言行録」にせよ、それらは大なり小なり「旅」の記録、さらに限定して言えば「伝道の旅」の記録と言えます。

まず、福音書ですが、新約聖書正典には、「マタイによる福音書」、「マルコによる福音書」、「ルカによる福音書」、そして「ヨハネによる福音書」という四つの正典福音書が収められています。同一のイエス・キリストについての記録であると称する以上、話の大筋では、四福音書ともよく似ています。しかし、仔細に比較対照してみた場合には、それぞれの福音書間には、時に見過ごせないような大きな相違や矛盾も見られます。

「マタイ」、「マルコ」、「ルカ」の最初の三つの福音書は、原典ギリシャ語の記述においても、しばしば逐語的に一致するなど、それらを並べて観ることができるので、「共観福音書(英語 Synoptic Gospels)」と呼ばれ、三福音書の文献としての相互関係が縷々議論されてきました。それに対して、ヨハネ福音書では、さまざまな面において、他の三福音書との違いが大きくなっています。

しかし、「狐には穴があり、空の鳥には巣がある。だが人の子には枕する所もない。」(マタイによる福音書八・二〇＝ルカによる福音書九・五八）という言葉に象徴的に表わされているように、すべての福音書に共通して描かれているイエス・キリストの姿は、自らの教えを説くために、あちこちに「旅」をしているというものです。

イエスのそういった伝道の「旅」の旅程を、四つの福音書から細かく跡づけようという試みはある程度可能ですが、ここでそういった作業は必要ないでしょう。むしろ、イエスの「旅」の特徴として記憶に留めてほしいのは、その「旅」の範囲の狭さです。かりに、直径三〇センチの地球儀にイエスの足跡を記そうとするならば、ほとんど点にしかなりません。イエスが、いわば宗教的活動を始めたのは、三〇歳くらいの頃と福音書（ルカによる福音書三・二三）に記されていますが、彼の活動範囲は、現代のイスラエル北部にあたるガリラヤと呼ばれる地域、ガリラヤ湖と呼ばれる周囲五〇キロほどの洞爺湖より少し大きい湖の近辺数十キロの範囲です。そして、イエスは、人生の最後に、その地方から百キロ以上離れたエルサレムへと上り十字架で処刑されたことになっています。

イエス自身の「伝道の旅」については、上述のようなものですが、彼の弟子たち、「使徒（ギリシャ語 ἀπόστολος）」と呼ばれる一二人の弟子やパウロらの「伝道の旅」については、若干様子が異なります。それは、イエスの「旅」に比べて、弟子たちの活動範囲、「旅」の範囲がずっと広がったことです。彼らの「旅」は、しだいに、現代で言えばトルコやギリシャ方面、すなわちイエスの「旅」の場所からははるか西方へと拡大していったのです。とりわけそのような西方への「伝道の旅」を担ったのは、「使徒言行録」（第九章以降）によれば使徒パウロと呼ばれる人物です。彼は、現代のトルコ南部・西部やギリシャ方面への「伝道の旅」を三度ほど行なったのち、捕縛された身の上ではありますが、ついにローマにまで到達したと記されています（「使徒言行録」第二八章）。このようなイエスの弟子たち、とりわけパウロの「旅」によって、初期キリスト教の活動範囲は、点から線へ、そして面へと広がっていったことになります。

新約聖書の文書の中でも二一とその多くを占める手紙、とりわけその中のパウロの手紙とされるものは、上述のような「伝道の旅」を通して各地に出来上がった初期のキリスト教徒の集まり（教会）に向けて、時に「旅」の途上で執筆されたものであり、文字通り「旅」の成果であり、また同時にそういった「旅」の記録であるとも言えるでしょう。そして、これらの手紙においてこそ、後の正統派と呼ばれるキリスト教の中心となる教義的な思想が開陳されているのです。

本章は、そういった聖書の思想自体を論じることを目的としていませんが、「旅」というキータームをめぐって、イエス・キリストその人の「旅」とパウロのような使徒たちの「旅」との違いを簡潔に述べるなら、次のようになるでしょう。

すなわち、イエスの「旅」は、彼自身の教えを説く「旅」であったのに対して、パウロなど使徒たちの「旅」は、イエスについての教え、煎じ詰めれば、「イエスこそ（人間を罪から救う）キリスト（救世主）である」という教えを遠方へと説いて回る「旅」だったのです。

新約聖書における「旅」について締めくくるにあたり、前節で論じた旧約聖書の「旅」と比較しておくのが有益でしょう。

まず、旧約聖書における「旅」は、時に神の命令、あるいは神の摂理とでも言うべきものによる選択の余地のないものでした。例えば、ユダヤ人のエジプトからの脱出の「旅」のリーダーとなったモーセは、神からのその呼びかけ(「召命」と言います)を何度も固辞します(「出エジプト記」三・一一〜四・一六)。それに対して、新約聖書における「旅」は、イエス自身の「旅」も、使徒パウロの「旅」も、いずれにせよ神や信仰のためとはいえ、自分の意志によるより自発的なものになっているように見えます。また、旧約聖書の「旅」が、あてのない彷徨、あるいは帰る見込みのない一方向的な道行きだったのに対して、新約聖書の「旅」は、イエスもパウロも最終的にはエルサレムとローマへ帰還する見込みのない「旅」を行なったとはいえ、それまでの彼らの「旅」は、目的地があり、そして戻ってくるという、往還の性格を持っているように思われます。こういった点で、新約聖書の「旅」は、日本語の「旅」の定義にあるような一時性あるいは暫時性といった特徴も備えており、こう言ってよければ、旧約聖書の「旅」よりも、より今日的、あるいは日本的な「旅」に近いと言えるかもしれません。

しかし、興味深いことに、新約聖書の原典ギリシャ語においても、日本語の「旅」や英語の travel / trip / journey などと厳密な意味で重なる語はありません。日本語新約聖書にも「旅(立つ)」という語はよく出てきますが、そう訳されているのは、例えば、マタイによる福音書ならば、一〇・一〇、ギリシャ語は *εἰς ὁδὸν*... で文字通り訳せば「道へ」。二一・三三、二五・一四、一五、

ギリシャ語は ἀποδημέω で、文字通り訳せば「出立する」。二五・三五、三八、四三、四四、ギリシャ語は ξένος（εἶναι）で、文字通り訳せば「よそ者〔異国人〕（である）」。この点は、先に記したように旧約聖書原語のヘブライ語においても同じであり、「旅」をめぐる現代のわれわれの観念と、（紀元前二千年紀から紀元後百年後くらいまでと幅がありますが）聖書時代の人々のそれとの隔たりが図らずも表われているのかもしれません。

この節では、新約聖書正典諸文書に見られる「旅」について見てきましたが、最後に、旧新約聖書正典以外のキリスト教に関連する文書における「旅」について瞥見することで、全体をしめくくりたいと思います。

四　聖書外典・偽典における旅

旧約聖書と新約聖書からなる聖書と、そこに収められた諸文書が、「正典」と呼ばれることはすでに書きました。しかし、紀元一世紀から四世紀にかけての草創期のキリスト教に関わる文書というのは、この正典聖書に集められた文書だけではありません。最終的にこの正典聖書に含まれることなく、むしろ正しいキリスト教徒は読むべきではないものとして、場合によっては「異端」のレッテルが貼られて焚書の憂き目にあったような文書（大雑把に言えばそれらの文書が外典・偽典）

が夥しいと言っていい数で存在しているのです。

死海文書やナグ・ハマディ文書といった考古学的発見などもあり、そういった正典聖書以外のユダヤ教やキリスト教の文献に関する研究は、二〇世紀以降格段に進展しました。現在も、そういった文書についてのさまざまな角度からの詳細な学問的研究が進行中です。

そういった聖書の外典・偽典と呼ばれる文書群についての包括的な説明、それらの個々の文書についての解説などもここでは不可能なので、他の概説書などに譲るしかありませんが、聖書の外典・偽典、とりわけ新約聖書の外典と呼ばれる諸文書の研究によって明らかになりつつある初期キリスト教の姿について若干触れておく必要があるでしょう。

キリスト教の正統派、すなわち今日まで続くローマカトリック教会というのは、四世紀にキリスト教がローマ帝国の国教となるとともに確立されたと言えますが、「正典」としての新約聖書というものもほぼその時期に成立したと考えられます。福音書に書かれた通りであるとするならば、イエスの活動時期は紀元一世紀の前半です。その後、この正統派成立の前後の時期までに書かれたが、最終的に正統派から排除された初期のキリスト教の諸文書を検討することによって、なかんずく、そういった文書と現代まで続く「正典」たる新約聖書諸文書とを詳細に比較検討することによって、ますます明らかになってきたのは、初期のキリスト教がけっして一枚岩ではなかったという事実、むしろそれがきわめて多様な宗教現象であったらしいという事実です。そのような学問的な知見によっても、われわれは、新約聖書正典諸文書をいっそう相対化して(つまり、初期キリスト教の何か「真実の・正しい思想」、「真実の・正しい記録」といった意味における「正典」という権威を括弧に入れて)、いろいろな観点からそれらの文書自体を再検討してみる必要が出てきます。

ここでそのような検討を本格的に行なう余裕も準備もありませんが、本章のテーマである「旅」との関連において、それに先立つ予備的考察だけでも示しておきたいと思います。

本章の二、三で見てきた聖書正典における「旅」は、旧約聖書におけるものであれ新約聖書におけるものであれ、冒頭で定義づけたように、地上における場所の移動、ある意味で当たり前の、いわば水平的な「旅」でした。それらの「旅」の途上で時にこの世ならぬ奇跡的な出来事――例えば、モーセの「出エジプト」の「旅」ならば、その道すがら起こった数々の奇跡的出来事(出エジプト記、とりわけ、第七章～一七章)、また、イエスの伝道の「旅」ならば、イエス自身が行なったとされる数々の奇跡行為(各福音書)など――が起こったと記されているにしても、正典聖書に記された「旅」は、徹底してこの世のものであると言えるでしょう。

それに対して、旧約聖書や新約聖書の外典や偽典と呼ばれる文書においては、やはりなんらかの「旅」がしばしば話題になっていますが、それらの「旅」には、正典における「旅」とは異なった特徴が見られるのです。外典・偽典と呼ばれる文書、すなわち正典ではない文書においては、例えば、「預言者イザヤの殉教と昇天」(特に第六章以降)のように天上の世界への「旅」だったり、「ペテロの黙示録」のように「黄泉」(地下の世界?)への「旅」だったり、あるいは「パウロの黙示録」

のようにその両方だったりと、しばしばこの世ならぬ世界への「旅」、言うなれば垂直的な「旅」(あるいは時間を超えた「旅」と言ってもいいかもしれません)についての記述が多く見られます。

右で挙げたような文書は、「黙示文学」というジャンルに分類され、新約聖書正典に収められた「ヨハネの黙示録」の伝統に連なるものとみなされています。ただし、この「正典」「ヨハネの黙示録」と他の外典・偽典の「黙示録」との間の異同については、一方が何か「真実の・正しい」記録で、他方はそうではないものだ、などと前提してしまうことなく、改めて仔細に検討し直してみる余地があるでしょう。

例えば、正典外の黙示録では、主人公の垂直的(あるいは超時間的)な「旅」の記述は、何か幻のようなものを受動的に見ているといっただけのものではありません。時に、「見ている」立場のはずの者、右の文書で言えばイザヤやペテロなどは、その自分が「見ている」出来事の中に自分が現われ、同時に「見られている」状態になっています。これらの「黙示文学」では、「見られている」出来事と「見ている」人物が一体化し、その「見ている」人物は、その幻の出来事自体に直接参加しているかのように見えます。またそれらの幻の内容も象徴的というよりは具象的である種の迫真性を追求しているようです。

他方、正典の「ヨハネの黙示録」では、垂直的な「旅」(?)の幻は、「神がその僕たちに示すためキリストにお与えになり、そして、キリストがその天使を送って僕ヨハネにお伝えになったものである」(「ヨハネの黙示録」一・一)と、二重三重に間接的な仕方で枠づけられています。また、その幻の内容も、書き手のヨハネ自らが行なう「旅」の幻といったものではなく、彼はその壮大かつ象徴的な意味に溢れた幻＝ヴィジョンを見ること、そして聞くことに徹しているのです。つまり、ここでは「見ている」者と「見られている」出来事とは、判然と区別されています。

上述のような垂直的な「旅」については、正典でないキリスト教文書においては、「黙示文学」という特定のジャンルに限られないように思えます。例えば、「ニコデモ福音書」(第一七章以下)などの外典福音書にも「冥府下り」の話があります。あるいは、「ソロモンの頌歌」と呼ばれる讃歌集などにも、人間の救済としての垂直的な「旅」の痕跡を見ることができるかもしれません。

さらに、「ヨハネのアポクリュフォン」など、先に言及したナグ・ハマディ文書中のいくつかの文書、すなわち、初期キリスト教の異端である「グノーシス主義」のものとされる文書のいくつかは、いわば「霊魂(人間の神的本質)」の救済のための垂直的な「旅」の見取り図、あるいは手引書とでも言うべき文書です。これらの文書では、キリストはある種の導き手として登場することもありますが、そこではある種の人間(の神的本質)自体が「旅」の主体として予想されています。また、このナグ・ハマディ文書に含まれていた「トマスによる福音書」という外典福音書では、人間の本質(的魂)の垂直的な「旅」を予感させる部分はありますが、そこに記されたイエスは、正典福音書とはまったく違って、地上における(水平的な)「旅」などまったくしないむしろ不動の対話者になっています。

以上のようないわば垂直的な「旅」について記された外典や偽典といった文書は、それらが成立した場所や年代もまちまちであり、ギリシャ語、ラテン語、エチオピア語、コプト語など、それらを記述した言語も多岐にわたり、文献学的、また宗教史的にかなり立ち入った議論が必要となります。しかし、右に概略を示したような文書における「旅」の特徴は、正典聖書の「旅」にはほとんど見られない特徴と言っていいように思われます。

聖書外典・偽典に見られるこの世離れした「旅」の物語を、例えば、あまりに荒唐無稽だから正典に入るべくもなかった、などと一蹴することはできないように思われます。なぜなら、「正典」という権威を外してごく素直に読むなら、正典聖書の中にも十分荒唐無稽な要素が存在しているからです。例えば、合理主義的に、「正典」福音書からイエスに関する荒唐無稽な話を単に引き去れば、真の史的なイエスの姿が現われてくる、と言えるでしょうか。あるいは、外典や偽典と呼ばれる夥しい数の文書は、正典におけるそういった荒唐無稽な要素を後から無節操に拡大していっただけで、そのような動きがすなわち「異端」なのだ、と断言できるでしょうか。こういった問いに答えるには、右に記したように、言語的にも歴史的にも複雑多岐にわたる外典・偽典と正典文書そのものに関するさらに踏み込んだ探究が必要となります。

こうして、聖書正典から「旅」についての話を拾い上げるというある意味で他愛ない試みも、上述のように聖書の外典・偽典などと呼ばれる文書群とつき合わせて考察してみると、キリスト教の正統派とはどのようなものだったのか、いったいキリスト教とは何なのかといった本質的な問いに行き着くのです。

結論にかえて

人生はよく「旅」に喩えられます。しかし、とりわけ旧約聖書に記された古代の人々について言えば、実は、「旅」こそ人生そのものであったように思われます。それは、時に悲壮な決意を持った二度と帰ることのない「旅」でした。行って帰るという往還の「旅」の記録は、聖書の場合は、ようやく新約聖書の時代になってから見られるように思えます。気軽に「旅」を論じられるのは、むしろ現代人の特権なのかもしれません。本章における考察が、聖書における「旅」という狭い範囲を超えて、「旅」というものについて、そして「旅」としての人生そのものについて何か思いをめぐらす一助となれば幸いです。

【参考文献】


日本聖書協会『聖書　新共同訳』一九八七年。

日本聖書協会『『聖書　新共同訳』準拠聖書地図』二〇〇〇年。

日本聖書学研究所編『聖書外典偽典』(1～7、別巻2冊)、教文館、一九七五～一九八五年。

荒井献・大貫隆(責任編集)『ナグ・ハマディ文書』(Ⅰ～Ⅳ)、岩波書店、一九九七～一九九八年。

第三章　イランの王さま、ヨーロッパへ行く

守川知子

一八七三年四月、イラン(ペルシア)国王ナーセロッディーン・シャー(在位一八四八―九六年)は初めてのヨーロッパ歴訪の旅に出ました。彼は、ガージャール朝(一八九六―一九二五年)の第四代目の君主です。首都テヘランを発った彼は、ロシア、ドイツ、ベルギー、イギリス、フランス、スイス、イタリア、オーストリア、そして最後にオスマン朝の首都イスタンブールを歴訪し、同年九月二二日にテヘランへ戻ってきます。半年間にわたって九カ国をまわるという大旅行、これがイラン国王の最初のヨーロッパ旅行です。ちなみに、アジアや中東の君主がヨーロッパの大陸部を訪れたのは、彼のこの旅行が最初となります。また、同じ時期に日本からは岩倉使節団(一八七一―七三年)が旅していますが、彼らはあくまでも薩長や旧幕臣を中心とした官僚であり、国家元首ではありません。ですので、君主みずからがヨーロッパを歴訪したという点において、イランの王さまのこの最初の旅行は、きわめて珍しくて貴重な事例だと言うことができるでしょう。

さらに興味深いことに、ナーセロッディーン・シャーは、旅の様子をみずからの手で日々克明に綴り、旅行記としてまとめています。彼のこの旅行記は、帰国後の一八七四年三月に多少の校閲を経て、王室印刷局から『ヨーロッパ旅行日記（*Rūznāme-ye safar-e Farangestān*）』として刊行されました（今回使用するのは、一九九八年のテヘラン刊本（ed. F. Qāzīhā）です）。

まだ飛行機もない時代、一国の君主が五カ月間にわたって欧州を旅し、そしてその旅の様子をみずからの筆で生き生きと描いていたのです。ここでは、新しいものや旅が大好きで、生涯に何度も国内外の周遊・巡察の旅に出たイランの王さまのヨーロッパへの最初の旅行を、彼の記した旅行記をひもときながら見ていきましょう。

一　ガージャール朝君主ナーセロッディーン・シャーとその時代

ナーセロッディーンは、一八三一年にイラン西北のタブリーズという町で生まれます。ロシアやオスマン朝に近く、一九世紀初頭に一時期ロシアに占領されたこともある当時のタブリーズは、イランの都市の中でいち早く「近代化」を推し進めていました。

この先取の気風の強いタブリーズの町でナーセロッディーンは育ちます。そして一八四八年の父親の死後、彼はガージャール朝の四代目の「シャー」として、テヘランで即位します。アジアの君主の中では類い稀な半世紀にも及ぶ長い治世の始まりです（ちなみに、「シャー（Shāh）」というのは、ペルシア語で「王」を意味し、古代帝国アケメネス朝期から見られる由緒ある称号です）。

一九世紀前半のイラン――ロシアとイギリスの荒波の中で

ナーセロッディーンが即位した一九世紀の半ばは、諸外国との関係がほぼ落ち着いた時代でした。ですが、彼が即位する以前、ガージャール朝の成立から半世紀ほどの一九世紀前半のイランは、イギリスやロシアと領土をめぐって激しく対立していました。最初に問題となったのは、イランの北辺であるコーカサス地方です。この地方にあるグルジアをロシアが併合したことが端緒となり、一八〇四年から一八一三年までと、さらに一八二六年からの二年間にわたって、断続的にコーカサス地方でロシアとイランの紛争が続きました。

図3-1　晩年のナーセロッディーン・シャー

侵攻してくるロシアに対して、イギリスの後押しを受けたイランが先攻することもありましたが、結局はロシアの圧倒的な軍事力を前に、旧式部隊のイラン軍は為すすべもありませんでした。こうして一八一三年のゴレスターン条約と一八二八年のトルコマーンチャーイ条約でコーカサス地方はすべてロシアに割譲され、アラス川がロシアとイランの国境と定められます。

ロシアの南下政策に危機感を抱いたイギリスもまた、インドを足場にアフガニスタンの支配をもくろみます。アフガニスタンはイランの東のお隣で、歴史的にイランと深い関係にありました。そのため、イランは一八三八年のイギリスの軍事行動を見過ごすわけにはいかず、アフガニスタンに軍を進めました。そしてアフガニスタンの要衝のひとつであるヘラートという町を包囲するのですが、二年間に及んだこの包囲を止めさせるべくイギリスは、今度はペルシア湾の島々を海軍力で制圧するのでした。こうしてイランはアフガニスタンから撤退し、ロシアと同じく、イギリスにも最恵国待遇を認めることとなりました。

このように一九世紀前半のイランは、ロシアやイギリスの進出を受け、コーカサスやアフガニスタンなどの主権を失うのですが、一方この時期に、西側のオスマン朝との国境も画定するなど、イラン全体で領土問題は一応の安定を見るようになります。当時の国境線はほぼ現在と同様で、すなわちこの間、イランは一度も植民地とはならず、独立を保つのです。その点では日本やタイ(シャム)と同じです。

さて一八四八年のナーセロッディーン・シャーの即位時には、和平条約を締結したイギリスやロシアはもはやイランにとって敵国ではなく、第一級の友好国です。もっとも実態は、それぞれがイランでの利権を求めて互いに牽制し合いながら「暗躍」していたのですが。

「近代化」と「大学」の設立

ところでナーセロッディーンが即位する前の一五歳のときから彼の後見人となり、その即位を援《たす》けて大宰相となった人物に、アミール・キャビール（一八五二年没）という人がいます。才能のみで大宰相に登り詰めたアミール・キャビールは、破綻しかけていたイランの財政を立て直すとともに、イランの近代化を進めるべく、さまざまな改革を行いました。軍制改革や、近代的な高等教育機関（ダール・アル＝フォヌーン大学）の設立、官報の発行などがその主な事績です。ですが残念なことに、アミール・キャビールの改革は急進的でありすぎたと同時に、財政再建のために宮廷費を圧縮しようとしたことから、後宮のトップに君臨する皇太后や、イギリスあるいはロシアからそれぞれに権益や後ろ盾を得ていた高官たちから激しい嫉妬や反発を買います。そのため彼はわずか二年半で職を解かれ、シャーの命令のもと蟄居先で暗殺されることになります。

アミール・キャビールは失脚してしまいますが、彼の蒔いた改革の芽はいずれも、近代化を進める一九世紀後半のイランの重要な礎となりました。なかでも重要なものが、一八五一年のダール・アル＝フォヌーン（「諸工学の館」の意）大学の設立です。首都テヘランに設立されたこの機関は、現在のテヘラン大学の前身であり、将校や高級官僚などエリート養成のための中東初の高等教育機関でした。設立当初は、特にオーストリアから教授陣を招聘し、七名の教授と三〇名の学生でスタートし、医学・外科学や薬学、兵学・砲学などの軍事学、地質学、工学が教授されました。また授業はフランス語で行なわれ、自然科学、数学、歴史学、地理学はすべての学科の共通科目でした。フランス語は、一九世紀の最初期にヨーロッパへ留学したイラン人留学生たちが担い、後に英語やロシア語も追加されています。

一九世紀前半を通じてロシアやイギリスとの軍事力の差を目の当たりにしたイランは、「西洋志向」の「近代化」への道を歩み始め、宮廷のそばに設立されたこの教育機関からは、イラン人留学生や招聘外国人のもとで多くの人材が育ち、一九世紀から二〇世紀にかけて各分野で活躍しました。欧米諸国との関係から、「富国強兵」や「文明開化」を目指した明治の日本と似ていますね。

初めてのヨーロッパ旅行へ向けて

ダール・アル＝フォヌーン大学や宮廷での「お雇い外国人」(彼らの多くは医者でした)の効用でしょう、ナーセロッディーンはフランス語の読み書き・会話の素養があります。彼は、宮廷(実際には外出・旅行中も)でほぼ毎日、電信電報《テレグラフ》で伝えられるヨーロッパのニュースを留学経験のある近臣に通訳させていました。また、ナポレオンやカール大帝の伝記などヨーロッパの歴史や文学は彼のお気に入りでもあったようです。宮中には他にもお雇い外国人がいましたから、このイランの王さまは、当時の世界の情勢にはかなり明るかったものと思われます。

そうして即位から二五年が経ち、四二歳になったときに、彼はついに念願のヨーロッパ歴訪の旅を叶えます。なぜ、君主みずからがヨーロッパに行く必要があったのでしょうか。彼自身の口からは、「欧州諸国の君主との友好・協調関係の創出・維持・強化」という言葉が見えます。そして、自身の目で諸外国の制度やシステム、そして先進技術を見ることは、「イランの国家、および国民の益となる」と、ナーセロッディーン・シャーは考えています。このあたりも、条約改正交渉が第一義であったとはいえ、「条約締盟国との友好関係を構築」し、「欧米先進諸国の制度・文物を親しく見聞し、その長所を採り、日本の近代化をすすめること」を目的としていた岩倉使節団とよく似ています。イランの場合、王さま自身が言っているので、本当にそうかどうかは別として、一年間の準備期間を経て、ようやく彼はヨーロッパ歴訪の旅に出発します。

なお、旅行が大好きで、しょっちゅう国内の各地を巡歴していたナーセロッディーンにとって、このヨーロッパ旅行がはじめての国外への旅行かというと、そうではありません。彼は一八七〇年、すなわちヨーロッパ旅行の三年前に、西隣のオスマン朝下のイラクに旅しています。イラクにはシーア派ムスリムにとっての最大の「聖地」があり、彼はそこに「巡礼」したのです。興味深いことに、この外国への「巡礼」旅行の際、王はオスマン朝の首都イスタンブールに駐在するイラン大使に向けて、「この巡礼旅行はヨーロッパ旅行の布石であり、外国に旅行するならば、まず聖地巡礼を果たしてからだ」と述べています。このような発言からは、とても宗教的で信仰心の厚い人物を想像されるかもしれませんが、「ヨーロッパ旅行の布石」と述べていることからも、本心は何が何でもヨーロッパに行きたいのだけれども、まずは「イラン国王」としての体面等々を考えて、文化的にも歴史的にも近い、オスマン朝下のイラクから外国旅行を始めたということです。実際、一国の君主がやってくるとなると、各地での準備はとても大変ですし、君主不在の国内の留守を預かる方も大変です。外交交渉をはじめさまざまな下準備や調整を経て、ナーセロッディーン・シャーはお隣のイラクへの巡礼旅行を達成し、そしてその成功を受けて、晴れてヨーロッパへ出かけることができたのです。彼のヨーロッパ旅行記からは、旅に出る楽しさやワクワク感が手に取るように伝わってきます(ただし実際にはテヘラン出発時は慌ただしすぎたようで、ひと月後にイランを発つまではかなりアンニュイな様子です)。

この後は、その日にあった出来事をつぶさに書き記した彼の旅行記を中心に見ていきましょう。

二　ナーセロッディーン・シャーの第一回ヨーロッパ旅行

四月一九日、首都テヘランを発ったナーセロッディーンは、カスピ海からロシアの蒸気船に乗船し、さらには鉄道を乗り継いで一路モスクワへ向かいます。すべてを挙げることはできませんので、旅程を簡単に示した上で、旅のハイライトであるロシアとイギリスを取り上げましょう。

〈旅程〉
ロシア　五月一三日から五月二九日まで(一六日間)
五月一七日　モスクワ着　／　五月二一日　ペテルブルク着
ドイツ　五月二九日から六月一三日まで(一五日間)
五月三一日　ベルリン着

ベルギー　六月一三日から六月一八日まで(五日間)
　六月一六日　　ブリュッセル着
イギリス　六月一八日から七月五日まで(一三日間)
　六月一八日　　ロンドン着
フランス　七月五日から七月一八日まで(一三日間)
　七月六日　　パリ着
スイス　七月一八日から七月二三日まで(五日間)
　七月一九日　　ジュネーブ着
イタリア　七月二三日から七月二七日まで(四日間)
　七月二三日　　トリノ着
オーストリア　七月二七日から八月九日まで(一三日間)
　七月二八日　　ウイーン着
(イタリア、オトラント海峡、エーゲ海を移動)
オスマン朝　八月一六日から八月二四日まで(八日間)
　八月一六日　　イスタンブール着
　九月二二日　　テヘラン帰着

最初の「ヨーロッパ」の国ロシア、皇帝アレクサンドル二世とともに

〔五月二一日〕私と皇帝は二人とも幌なしの馬車に座っていた。天気は少し太陽が出ていた。道の両側や階上や屋上は男女で溢れていた。数え切れないほどである。何度も「オウラー」と叫んでいた。私も皇帝も次々に人々に挨拶した。かなり進んだ。こうしてドームや立派な王宮を過ぎ、冬宮殿の前の広場に到着した。この広場には、とてもとても太くて高い一枚岩の記念碑が建っている。その上には皇帝アレクサンドル一世の鋳鉄製の像がある。なんとも奇妙奇天烈なモニュメントである。そこから建物の階段に行き、皇帝と一緒に上がっていった。階段も大広間もすべて位階ある人々や将校で埋め尽くされていた。おそらく千人はいたに違いない。余の将校やモフベロッドウレ〔ダール・アル＝フォヌーン卒業生。ヨーロッパ留学。後の電線・郵便省長官〕なども正装して立っていた。これだけの人の中で迷子になったのだろう。部屋から部屋へと進んだが、それぞれの部屋は他の部屋よりもすばらしかった。美しいカーテン、マーブル石の柱、卓越した石の机、椅子や机などの家具、花や花瓶。これ以上説明や記述はできないほどである。〔百聞は一見に如かずで〕実際に目にするべきである。

これは、サンクト・ペテルブルクへの入城の様子です。ナーセロッディーン・シャーは、ロシア皇帝とともに馬車に乗り、大勢の市民に歓迎されながらエルミタージュ宮殿に向かったのでした。この後は、宮殿で歓迎式典がありますが、ナーセロッディーンにとっては調度品やロシア人の体格

や服装など、目にするすべてが興味深かったようです。

イギリスへ！

アレクサンドル二世に非常に手厚いもてなしを受けた後、シャーはドイツとベルギーを訪れ、ベルギーのオーステンデ港からイギリス艦隊に乗船してドーヴァー海峡を渡ります。名高いイギリス海軍から歓迎の礼砲を受けながら、ナーセロッディーン・シャーはついにドーヴァー港に上陸しました。

先の旅程表にも挙げましたが、イギリス滞在は二三日間と、三週間にも及んでおり、他の訪問国とは比べものになりません。イギリス訪問こそが今回の旅行の最大の目玉なのです。

意気揚々と到着したイラン国王を港で出迎えたのは、ヴィクトリア女王の息子のエディンバラ公とコノート公、グラッドストーン内閣の外相グランヴィルらであり、さらには港に集まった大勢の人々でした（図3-2参照）。続いて汽車に乗り、王の一行はロンドンへと向かいます。群衆の歓迎は、ロンドンのチャリング・クロス駅に到着したときに最高潮に達します。

ついに駅に到着した。非常に多くの人々が集まっていた。イギリス軍、騎兵の楽隊、近衛兵、ウェールズ公として知られる皇太子が列席していた。外に出ると、イギリスの全大臣や高官が参列していた。見物人は数え切れないほどだった。……道の両側も屋根も上階部分も、老若男女で溢れかえっていた。とてもとても歓迎し、歓声をあげ、ハンカチを振り、拍手し、口笛を吹いていた。

「つまりはすさまじい騒ぎだった。私もまた、頭や手を振って応え続けた。見物人は絶えることがなかった」と彼は述べています。後でも触れますが、実際、当時のロンドンの新聞を見てみると、ナーセロッディーン・シャーがイギリス国民らに盛大に出迎えられている様子をうかがい知ることができます。

図 3-2　ドーヴァー港にて(*Illustrated London News* より)

ロンドンに到着すると、宿泊にはバッキンガム宮殿が用意されており、三日目にはウインザー城でヴィクトリア女王との会見が執り行われました(岩倉使節団の一行が、女王が避暑中だったので謁見まで四カ月も待たされたのとは対照的です)。ここで、ナーセロッディーン・シャーは、ヴィクトリア女王からガーター勲章をもらいます。ガーター勲章は、イギリスの最も権威ある勲章の一つですが、「これは、国王以外の人物には渡さないものである。女王は立ち上がり、自らの手で余に勲章をつけ、肩帯をかけ、長いガーターもくれた」と彼は記しています。さらに、「こちらもまた、ダイヤモンドがちりばめられた新たな「太陽勲章」(当時のイランの国章)と肩帯を、ダイヤモンドの我が肖像の入った勲章とともに女王に渡した。彼女もまた、この上ない敬意でもって受け取り、自らにつけた」と記しているように、お返しに自身の肖像が描かれたダイヤモンドの勲章や国章を贈っているのです。ガーター勲章は、イギリス側からの「下賜」と捉えられることが多いのですが、実際には、勲章の「交換」だったということです。同じ「国王」である以上、彼らの間に「上下」の概念はなかったのでしょうし(レセプションの間、彼らは壇上で隣同士に腰掛けていました)、ナーセロッディーン・シャーの記述も一国の国王としての自信に溢れています。

ここで簡単に、ロンドンでの訪問先を紹介しておきましょう。

ヴィクトリア女王やグラッドストーン首相との会見を済ませたシャーは、ウインザー城、警察、兵器工場、ロンドン動物園などを視察します。その後、ポーツマス港やグリニッジの海軍学校と天文台、リヴァプール、マンチェスターをまわり、ロンドンに戻った王は、シティ・タワー、ロンドン塔、王立銀行、英国議会、ウエストミンスター教会、水晶宮、水族館、アルバート・ホール、マダム・タッソー(蠟人形)館(!)、かのナイチンゲールの看護学校のある聖トーマス病院などを見学しました。今日のロンドンの名所観光とほとんど同じですね。

三　イランの王さまの見たヨーロッパ

ナーセロッディーン・シャーの旅中の活動は、君主や要人（大統領や首相など）との会見、視察、見物、観賞がほとんどです。シャーはイランの王さまですので、各地で国家元首と会見します。ロシアではアレクサンドル二世と、ドイツではヴィルヘルム一世や宰相のビスマルクと、イギリスではヴィクトリア女王や自由党の首相グラッドストーンと、フランスでは第三共和政第二代大統領のマクマオン、イタリアではヴィットーリオ・エマヌエーレ二世、オーストリアではハプスブルク家のフランツ・ヨーゼフ一世などなど。実に錚々たる面々が並びます。そうそう、オスマン朝のアブデュルアズィーズ一世も忘れてはなりません。

また視察は非常に重要です。軍隊の閲兵は、各国で行なっていますし、議会や警察なども見ています。その他にも、兵器工場や消防隊、造幣局、造船所、銀行、鉄工所、綿織物工場、機関車工場、学校、教会、修道院、病院、そして博物館、水族館、動物園、植物園など挙げるとキリがありません。実際のところ、ほとんど休まる時間がなかったでしょうね。ところでこれらの視察先はこの当時のイランにはまだないものばかりですが、ナーセロッディーン・シャーの時代、すなわち一九世紀の後半に、イランにどんどん取り入れられていきます（もっとも議会に関しては、政治体制と深く関わりますので、シャーはおそらく望んでいなかったものでしょう。ですが時代の流れには逆らえず、ナーセロッディーンの没後、二〇世紀に入るとすぐにイランでも議会制度が誕生します）。大砲やガス灯、写真機といった「舶来品」も大事なのですが、訪欧の際に見聞した制度やシステムを余すところなく取り込もうとした彼の時代は、「外国の制度や文物、先進技術を見ることで国家の益となす」という欧州歴訪の目的にかなうものだったと言えるかもしれません。

以下、もう少し詳しく彼の体験と感想を見てみましょう。

政治体制

彼の見た各国の印象は、ひとえに王族や君主制の安定度や宮殿の豪奢さに左右されています。最初に訪れたロシアの優位性は否めませんが、彼は比較的冷徹に各国の国力を見抜いています。

〔ベルリンでは〕位のある者や多くの兵士がいた。みなヘルメットをかぶり、非常に立派な若者たちであり、きれいな服を身につけていた。非常に立派な軍隊である。プロイセン（ドイツ）は、すべてが軍隊である。この地の軍楽隊はたくさんの太鼓や笛――テヘランの軍の笛のようなもの――をもっている。ロシアではこれほどの笛はなかった。

〔ドイツでは〕ロシア皇帝の宮殿ほどの壮麗さや立派さがない。宮殿も家臣も建物の装飾なども、ロシアのほうがここよりはるかに勝っている。

〔ドイツからベルギーへの途上で〕プロイセンとベルギーの境界は、この川であるかのようだ。しかるに、この世界の創造主は、諸部族や諸国をどれほど、またどのように互いにわけ隔てられたのか。まったくもって驚きである。この区域では、人、言葉、信仰、土壌、水、山、大地が一変し、プロイセンとはまったく似ているところがない。山々は高く、木々に溢れ、気候はより涼しく、言葉はすべてフランス語で、人々は貧しく、外面も内面も、軍の状況、軍の服装、人間、一度に変わってしまった。ベルギーの住民はすべてフランス語を話している。個別の言語もある。彼らの宗派は大半がカトリックで、この国の臣民はドイツよりも自由である。君主がいて、名はレオポルド二世という。首都はブリュッセルだ。

〔リエージュで〕馬車から降りた。軍が立っていた。楽隊が演奏していた。だがベルギー国はとてもとても貧相な兵士しか有していない。いずれも子供のように小さく、貧相な体格で力なく、痩せて弱々しい。騎兵、砲兵、歩兵を見たが、どれも一様だった。彼らの服も悪い。イランの実に貧相な軍隊でさえも、彼らよりはましだ。

ベルギー王国はとても自由で気ままである。国王は何ら権限がない。諸事の決定は議会にある。代議士たちがそこに集まり、判断する。議会は立派な建物で、〔ブリュッセルの〕町の中にある。ちょうど開いており、代議士たちが集まっていた。この地方の新聞記者はとても自由だ。思いついたことは何であれ書く。誰をも恐れていない。

〔彼らイギリス人が〕偉大な民族だということは明らかである。世界の創造主は、とりわけ彼らに権力と能力と知性と感性と教養を与えたのだ。だからこそ、インドのような国を征服し、新大陸や世界の他の諸都市のどこにでも相当な土地を所有しているのである。

今日(七月六日)は〔パリで〕フランス人の中に異様な光景を見た。まず、ドイツ戦争後の服喪の状況が残っている。老いも若きも総じて悲嘆に暮れ沈んでいる。女性たちの服は喪服であり、ほとんど飾りがなく、実に質素である。というよりも、ひどいものだ。たまに人びとの中から「Viu(sic) Makmahon, Vive Marshal, Vive Shah Pers(マクマオン万歳、マーシャル万歳、ペルシアの王万歳)」という声が聞こえる。夜の散歩のときに聞いた別のものは、「王権とその基盤が強固であらんことを。永からんことを」と大声で叫んでいた。

何であれ明らかなことは、現在、フランスには多くの派閥があるということだ。大半は王制支持者だが、その中にも三つの派がある。一つはナポレオンの子孫を望んでおり、もう一つはルイ・フィリップ(オルレアン公)の子孫を、また別の一派はブルボン家のヘンリー(アンリ)を求めている。彼もまたルイ・フィリップの息子であり、同じ一族なのだが、別の系統になっている。共和制支持者も強い。だが彼らもまた、一枚岩ではない。ある者は、共和制のおおもとである「赤い《ルージュ》」共和制を求め、ある者は中間の共和制を求める。そこには王制があったり、王がいなかったりだ。別の者たちはそれぞれ別の道を求めている。こういった異なるグループの中では、今や一貫した統治はきわめて困難な作業である。このような事態の結末は、再び多くの血が流れ、国が荒廃する以外には何もなかろう。完全な王制であれ、完全な共和制であれ、みなが一つの考えにまとまる以外には。そのときには、フランス国は最も強い国家となり、誰もが一目置かねばならないだろう。だが、これほどの意見の相違がどうにかなる可能性はない。日に日に悪化している。これほどの偉大な国が損なわれてしまうのは、実に残念だ。

「すべてが軍隊」のプロイセン(ドイツ)や、議会が強く軍事力に劣るベルギーの特徴をよく捉えていますし、そして何よりもインドを支配するヴィクトリア朝期のイギリスの繁栄ぶりや、ナポレオン三世が捕虜となった一八七〇年の普仏戦争の傷跡が深く残るパリの様子を的確に述べているのではないでしょうか。特にフランスは、シャーにとっていろいろな意味でなじみ深かっただけに、当時の政治的混乱は「実に残念」なことであったろうと思います。

このように、一国の君主であることから彼は各国の政体については注意して見ていたようで、他にもスイスの「共和制」についても言及するなど、政治や国政に対する関心の高さがうかがえます。

ヨーロッパの技術――鉄道初体験

イランの王さまにとって、ヨーロッパで目にするものすべてが初めての体験でした。一例として、列車に乗ったときの様子を挙げましょう。

車両の中に入った。驚くような場所だった。鏡、椅子、机、筆記用具、寝台、便所といったあらゆるものが、すべてが揃っていた。すべての車両は廊下のようなものでつながっており、一斉に進んでいく。どこでも非常に簡単に行き来することができ、誰にでも会うことができる。……こうして一分後には出発していた。私はこれまで鉄道の車両に乗ったことがなかったので、はじめは怖かったが次第に慣れてきた。とても快適に進んでいく。至高なる神に感謝を。とても速く進んだ。一時間に四―五ファルサング(三〇キロ弱)も進む。何かを見ようとすると、すぐに視界から消えてしまう。……早々に床についた。私の寝台は小さく、寝苦しかった。最初は恐怖で寝つけなかったが、しまいには眠ってしまった。

初めての鉄道体験です。皆さんも子供の頃を思い出しませんか？　これにはつづきがあり、それはトンネルです。

数分後、別の穴に差しかかった。一・五キロの距離はある。来た！　一瞬で暗くなった。まるで暗黒の世界のようだ。六分はかかった。ようやくこの穴から抜け出した。私は通り過ぎるまで目をつむっていた。なんて恐ろしいものなのだろう。

初めて鉄道に乗ったときや、トンネルを体験したときの感想というのは、まさにこのようなものではないでしょうか。近代的な乗り物はスピードもありますし、怖いものですよね。シャーはカスピ海で初めて蒸気船に乗ったときも、海が恐ろしくて全然眠れないと書いています。実に、人間味溢れる王さまです。

お食事は?

「異文化交流」と言えば、食事でしょう。イラン人は今でも食に関しては保守的な人が多いですが、王さまもご多分に漏れずかなり大変だったようです。カスピ海を出港するときに、宮廷の料理人たちはすべて帰ってしまっており、シャーの一行には料理人はいませんでした。「余の料理人や冷菓係はみんな帰ってしまった。ヨーロッパの食事を食べなければならない」と残念そうに記しています。そして、ロシアでは、「ヨーロッパの食事はまったく食べられない」とまで述べています。

こと食事に関しては、ヨーロッパのパンやヨーグルトよりも、オスマン朝での食事を高く評価しています。やはり歴史的、文化的にはオスマン朝の方が近いのですね。例えばヨーロッパに別れを告げて、オスマン朝の船でイタリアのブリンディジを出航した際、彼は、「オスマン人たちの夕食や昼食はとても美味しい。ようやく食事を摂ることができる」とさえ言っており、それまでの数カ月間、ヨーロッパの食事をあまり受け付けなかった様子がうかがえます。

また、ムスリムである彼は、まったく敬虔であったとは言えませんが、アルコールはあまり口にしていないようです。といっても、読まれることを意図して書いている日記ですので、さすがに記さなかっただけかもしれません。昼食会や晩餐会ではつねに「乾杯《トースト》」をしていますので、きっとワインは飲んでいるでしょうね。

余談ですが……

女性の美しさについては、手放しで褒め称えています。実は、モスクワまでナーセロッディーンには後宮の一部の女性が同行していました。イランでは通常君主がテヘランの宮廷を出て国内外を旅する場合、後宮もまた君主に同行します。彼が初めて国外に出たイラク巡礼の旅のときも同様でした。今回もモスクワまでは後宮の女性が来ていますが、やはり費用がかかりすぎるため、モスクワで送り返したのでした。以降の旅は、男だけの旅ということになります。

後宮がいようがいまいがシャーは、「ヨーロッパの女たちは非常に美しかった」と述べ、「これほどきれいな女性は見たことがない」ような女性を馬車の中から見かけていますし、あるときなど連れ帰りたいと思うほどきれいな少女がいたようですが、「ここで何ができようか」と自制しています。こういったことを逐一記録している点が彼の旅行記のだいご味です（もっとも、このような箇所は当初の出版時に検閲でカットされています。あまりに率直に書きすぎて、宮廷の印刷局もさぞ困ってしまったことでしょう）。

永遠のライバル？　オスマン朝のスルタン・アブデュルアズィーズ一世

ナーセロッディーン・シャーは、言うまでもなくムスリムです。さらに厳密さを期すと、イスラームの中でもイランやイラクを中心に多くの信徒を抱えるシーア派を信奉しています。ですが、彼の旅行記の描写からは、キリスト教徒や教会など、キリスト教への偏見はまったく見られません。確かに彼は、ヨーロッパ諸国を西アジアとはまったく異質の文化圏であるとみなしていますが、それを宗教や宗派でくくることもしなければ、「ヨーロッパ、これすなわちキリスト教」というステレオタイプな見方もしていないのです。

一方で、同じくイスラーム国家であるオスマン朝の君主、アブデュルアズィーズ（在位一八六一―七六年）への評価はかなり辛辣です。せっかくなので引用します。

スルタンは太って大柄な男である。腹が出ていて、メランコリー気質で気違いだ。暑い気候にまったく耐えられない。いつも頭に何もかぶらずにいなければならない。頭髪はいつも刈り込まれており、禿頭の男たちのように髪がない。頭が熱くならないようにだ。髪の毛は白い。両頰にひげがあるが、それは黒い。顎にはたくさんある。……背は低く、首の後ろはたっぷり肉がついていてしわしわだ。歯は黄色く傷んでいる。手は立派で肉厚があり、毛深く、すっきりしている。指や爪は美しく清潔にしている。腰や腹のまわりは非常にでっぷりしており、テヘランの大工の親方に劣らない。……帽子はひどく、服装もひどく、バランスもひどく、ひどい体形だ。

オスマンのトルコ語である自分の言葉以外には、他の言語を何ひとつ知らない。いつも顔をしかめており、地理や幾何学といった学問を何ひとつ享受しない。地理や地形や（緯度）経度はまったく理解しておらず、自分のものであるエルズルム（アナトリア東部にあり、オスマン朝とガージャール朝が和平条約締結と国境画定交渉を行なった町）がどの地点にあるのか、どこに位置しているのか、東なのか西なのか知りもしない。自身の二ファルサング四方のことでさえも十分の一も知らない。……非常に臆病で、一度も狩りに行ったこともなければ、銃を手にしたこともない。こういったよき性格にもかかわらず、現在、国事を宰相たちの手から取り上げ、自ら、それに女たちが介入している。一時間ごとに人々を罷免・任命する。誰も自分の未来が描けない。このような状況である。

同じムスリムの君主であり、友好関係にあるはずの隣国の王を、このように悪しざまに言っています。ただ、この発言の中で、「他の言語を何ひとつ知らない」とか「地理や幾何学といった学問を何ひとつ享受しない」と述べているのは、ナーセロッディーン・シャー自身はペルシア語に加えて、アゼルバイジャン方言のトルコ語やフランス語を話すことができたからであり、さらにはダール・アル＝フォヌーン大学で幾何学や地理学が教授されていたことが背景にあります。ナーセロッディーンは、みずから著した八冊もの旅行記を残していますし、彼の時代には、王に倣って宮中の高官たちはこぞって旅行記を執筆しました。またダール・アル＝フォヌーンの教授陣でもあったイラン人たちは、測量や地形の詳細を含んだ新しいスタイルの地理書を多く編み出しました。ですから彼の「スルタン評」には、当時のイランで活況を呈していた西洋式の学術環境が反映されていますし、ヴォルテールなどの影響である種の「啓蒙専制君主」に傾倒していたシャーにしてみれば、学識もなく、馬に乗って狩りもできない君主などは「君主に非ず」といったところだったのかもしれません。

以上簡単に見てきましたが、総じて、ナーセロッディーン・シャーは、国王や皇帝のいる国に対して、好印象を持っていたようです。ロシア、イギリス、イタリア、オーストリアは国王や皇帝みずからがイラン国王の接遇にあたり、宮殿や離宮の一室を居室としてあてがい、さらに日夜、彼が退屈する間もなく、手ずからシャーを連れ出し、案内し、楽しませています。イラン国王は、彼らヨーロッパの君主たちにとっての「国賓」であり、まさしく「王室外交」なるものが各国でこぞって展開されているのです。そしてシャーにとっては、日中は視察先で数々の「先進技術」を目の当たりにし、夜には舞踏会やオペラ、バレエ、サーカスを観賞しヨーロッパ文化の「粋」に触れる、とても充実した日々となりました。その際のありとあらゆる感想を歯に衣着せぬ物言いで、時に辛辣に時に柔軟に書き留めています。この点が彼の旅行記の最大の魅力でしょう。

四　ヨーロッパの見た「ペルシアの王さま《シャー》」

ロンドン・ニュースの中の「ペルシアのシャー」

イギリスの週刊新聞『絵入りロンドン・ニュース（*Illustrated London News*）』では、「ペルシアの王《シャー》、来《きた》る」という大見出しで、多くの記事を載せています。ナーセロッディーン・シャーがモスクワに到着したときから、イスタンブールを発ってイランに帰国するまで、逐一その動向を伝えています。しかも、四〇枚ものイラストがあり、大きいものは見開き二ページを大々的に使っています。これは、同時期に訪英した岩倉使節団と比べると、イギリス側の関心の度合いがまったく異なることがよくわかります。岩倉使節団の記事は、同新聞の中ではわずか一度しかありません。それも、使節団がロンドンに到着したときに、岩倉具視の位格を紹介する程度です（一八七二年一〇月一二日付）。一方、ナーセロッディーンの場合は、イギリス滞在中は数ページにわたって女王一家との会見や視察の様子を紹介します。「ペルシアのシャー」の訪欧に関する最初のニュースは、一八七三年五月二四日土曜日付（一七六〇号）の次のようなものです。

【ロシアより】ペルシアのシャー（Shah of Persia）は月曜日の正午にモスクワに到着し、出迎えの歓迎式に大いなる謝意を表わした。夕方陛下は劇場へ行った。叔父や従兄弟といった近親者を含む四〇名ほどの貴顕がシャーに付き従い、随行員は七〇名に上った。

つづく記事は、一号置いた同年六月七日(一七六二号)に見られます。

【ドイツより】ペルシアのシャーは、先週の土曜日の夕方、ベルリンに到着し、皇帝(ヴィルヘルム一世)に出迎えられた。皇帝は皇太子や他の王子たちを紹介し、その後、皇帝とシャーは六頭立ての馬車に一緒に乗り、祝砲や無数の群衆の歓声の中、宮廷に向かった。翌日、シャーはポツダムに移動し、皇太子と皇太后を訪ねた。月曜日、シャーは動物園に行った。陛下は首相のビスマルク公を接見した。シャーはまた外交官らと会い、その後コンサートに臨席した。火曜日、シャーは皇太子に案内されて士官候補生らを観閲し、ベルリンから戻ったアウグスタ女王をも訪問した。陛下は晩餐会でのもてなしを受けた。女王は、体調不良で欠席した皇帝に代わってシャーの健康状態を尋ね、それに対してシャーは返答し、さらに皇帝の状態を尋ねた。水曜日、未だ不調の皇帝の代理として皇太子が臨席する中、シャーは盛大な軍隊パレードに列席した。陛下は影響力ある代表団を接見したが、彼らはペルシアのユダヤ教徒の安寧をシャーに願い出た。シャーは代表団に対して、この件は最大の関心事であると請け合った。電報は以下のように続く。「シャーはベルリンを金曜日に発つ予定であり、まずヴィースバーデンに行って数日とどまり、ブリュッセルに向かいロンドンには六月一八日に到着予定である。陛下はオーステンデ港で乗船し、四隻の装甲艦を含む七隻のイギリス軍艦によって出迎えられる。シャーは、ブリュッセルではヘンリー・ローリンソン卿が、またドーヴァーではウェールズ公が迎える。」

ナーセロッディーン・シャーの動向を逐一報告するロンドンの新聞記事からは、彼らにとってイラン国王の訪問が大いなる関心事であったことがうかがえます。ドーヴァー海峡での盛大な出迎えも先に見た通りです。ちなみに、記事の最後に名前の挙がるローリンソンは、外交官としてイラン滞在中に、イラン西部にあるビーソトゥーン碑文をもとに楔形文字を解読した人物です。ナーセロッディーン・シャーとは旧知の間柄であったため、シャーの初めての訪英に際して通訳として常時行動をともにしました。

この新聞は、ナーセロッディーン・シャー直筆のペルシア語とフランス語のサインのコピーも載せており、王がフランス語もできることや、母国ペルシアの風俗習慣もあわせて紹介しています。当時のイギリスでの熱狂ぶりや「ペルシア・ブーム」は、この新聞の絵を見るだけでも伝わってきますよ。

「ペルシアの王さまだ！」

最後に、ドイツのある町での騒動をシャーの旅行記からご紹介しましょう。

図 3-3　ドイツの動物園にて

男や女が道の両側に果てしなく並んでいた。私は幌なしの馬車に乗っていた。たったひとりで馬車に乗り、ヨーロッパの見知らぬ町で、道の両側には男女の群衆がいて、子供たちは馬車の周りを駆け回って笑い、金切り声をあげている。ひどい有り様だった。長い小道を進んだ。家は三階建てや四階建てだ。だが道は狭く、家々は汚く、非常に情けない気持ちでこの町の古い王宮に入っていった。それは五〇〇年前に建てられたもので、建物の中ではたくさんの階段をあがり、中に入った。建物はひどく、汚く、古ぼけている。王子たちや付き人たちもそれぞれ入ってきた。みなは、人々が我々を笑い、我々のまねをしていたと語った。それほど町の人々は我々に驚いたのだ。まったくもって、新しく連れて来られて、まだ誰も見たことがないキリンのようなものだ。これまで一度もこの町の人びとはイラン人を見たことがなかったのだから。

当時のヨーロッパの人々にとって物珍しかったのは、イランからはるばるやってきた王さまの方だったことが、よくわかります。図3-3は、ドイツで動物園を訪ねたときのものです。珍しい動物を見ているシャー（中心の、剣を手にした人物）の周りを遠巻きに、さらに物珍しげにシャーを見つめる人々の姿が見えます。訪欧中、彼の行くところはどこでも大勢の群衆が集まり、歓声を上げ、囃し立て、大騒ぎしたのです。

五　旅を終えて

ナーセロッディーン・シャーは、この五年後の一八七八年と、その一〇年後の一八八九年にもヨーロッパを歴訪します（二度目の旅行ではイギリスには立ち寄っていません）。彼のこの三度の外遊は、外国からの借款で補っていたため、イラン国内のさまざまな利権を外国資本に譲渡せざるを得ませんでした。鉱山採掘権や銀行設立、鉄道敷設などの諸利権を、一八七二年にイギリス人のロイターに譲渡したことなどは、その最たるものでしょう。このような外国資本の流入により、彼の晩年、国内ではタバコ・ボイコット運動などが起こり、その後の立憲革命へとつながります。

一八九六年、ナーセロッディーン・シャーは即位五〇周年の記念式典を目前に、革命家の凶弾に倒れます。ガージャール朝そのものは、その後も一九二五年までの三〇年間続きますが、君主の暗殺により、この国家の命運はここに尽きたと言っても過言ではありません。

ガージャール朝時代は、今のイラン人にとって、イギリスやロシアに侵食された「不名誉な屈辱の時代」と捉えられています。ですが、ヨーロッパの多くの国々が王政を敷いていた一九世紀にあって、ナーセロッディーン・シャーは、新しいものが好きな「開明的」君主としてまさにイランを代表する存在であり、また決して世界の他の国王たちに引けを取ることはありませんでした。国王みずからが訪欧したことにより、少なくとも、日本を含むアジアの国々の中では、当時最もヨーロッパに知られ、認識されていた国だと言うことができるでしょう。実際に目にする「ペルシアの王」のインパクトは、わたしたちが想像する以上かもしれません。国王の外遊の是非はともかく、当時の国際情勢の中にあって、ナーセロッディーン・シャーがヨーロッパとイランの懸け橋であったことは確かだろうと思われます。

【読書案内】


歴史学研究会編『世界史史料八　帝国主義と各地の抵抗Ⅰ　南アジア・中東・アフリカ』岩波書店、二〇〇九年。

岡田恵美子・北原圭一・鈴木珠里編『イランを知るための65章』明石書店、二〇〇四年。

守川知子『シーア派聖地参詣の研究』京都大学学術出版会、二〇〇七年。

――「ペルシア宮廷のワインとシャーベット」細田典明編著『食と文化』北海道大学出版会、二〇一五年。

久米邦武編著、水澤周訳注『現代語訳　米欧回覧実記』復刻版、全五巻、慶應義塾大学出版会、二〇〇八年。

田中彰『岩倉使節団『米欧回覧実記』』岩波書店、一九九四年。

第四章　郵便と旅行
――近世ドイツにおけるコミュニケーション革命

山本文彦

一　中世ヨーロッパの旅

「郵便と旅行」というタイトルで、中世および近世ドイツにおける旅と郵便の問題を中心に、旅の重要なインフラでもある道路の問題などを考えてみたいと思います。一六世紀以降、旅をめぐる環境は格段に整備されました。この変化を近年の歴史学などでは「コミュニケーション革命」と呼んでいますが、これは一五世紀半ばのグーテンベルクによる活版印刷術の改良などとも関連しています。旅をめぐる環境はもとより、いわゆる情報・通信分野においても格段の進展が見られ、この変化はさらにこの当時の人々の時間および空間意識を変化させることにもなりました。「近代社会の誕生」というテーマは、古今多くの歴史家が扱っているなかなか難しいテーマですが、時間および空間意識の変化という観点から、この問題にも少しだけアプローチしてみたいと思います。タイトルにあります「郵便と旅行」。一見すると、関係があるのかどうか不思議に思われるかもしれません。どのような関係があったのか、これから具体的に話していきますが、その前に、まず中世ヨーロッパの旅について、その概要から始めたいと思います。

まず、どのような人々が旅に出たのかという点から始めることにしましょう。

最初に挙げたいのは、国王です。この時代のドイツの国王は、首都にあたるような――例えばパリやロンドンのような――特定の都市に長期間滞在していたわけではなく、自分の支配領域を移動し続けていました。これを「巡幸王権」と呼びますが、通信手段があまり発達していない時代に広い地域を支配する場合、支配者自身が移動し、各地で集会を開いて、その地域の家臣や住民と意見交換や裁判を行ない、さらには必要な税などを徴収することが、おそらく最も効率的な支配の方法であったと思われます。そのために国王は移動し続けなければなりませんでした。この国王の移動は、国王とその取り巻きだけが移動するのではなく、国王の妻(王妃)やその子供、国王の身の回りの世話などをする人々全員、いわば宮廷がそっくりそのまま移動しました。この移動は原則的には国王が死ぬまで続きますので、国王というのは基本的にその一生を移動し続ける人だったと言うことができます。もちろん毎日移動するわけではなく、状況によっては一カ所に数カ月以上滞在することもありました。しかしながら国王の巡幸記録を見ますと、一生涯ですさまじい距離を移動していることが分かります。

次に挙げるのは、キリスト教会の聖職者です。ローマ教皇庁からはさまざまな連絡がヨーロッパ中の教会や修道院に送られており、また「回勅」という形で教皇勅書を地域で回覧する方法をとっていました。事務的な連絡や急ぎの用件の場合には、教皇庁お抱えの飛脚がヨーロッパ中に派遣されましたが、重要な書類などは聖職者自身が運びました。またローマ教皇庁は、中世ヨーロッパの中で最も進んだ行政機構を備えており、それに係わるさまざまな通信や会議の連絡なども聖職者が移動して伝えました。さらに大司教や司教などは、さまざまな会議に出席するために頻繁に移動していました。

三番目に挙げるのは、商人です。特に遠隔地商人は、地中海沿岸とヨーロッパ内部の間を、場合によってはさらに遠方まで移動していました。遠隔地商人以外の商人でもある程度の広さを移動する商人もいました。また手工業者の世界でも、職人たちが親方になるために遍歴していたことはよく知られている通りです。

最後に、その他とくに挙げておきたい人々としては、まず学生があります。学生は、大学を移動していました。今の学生のように同じ大学でずっと勉強するのがこの時代の主流ではなく、学生たちは先生を求めて、あるいは新たに学びたいことを求めて各地の大学を移動する人々でした。次に挙げるのは、巡礼者です。ヨーロッパ各地にはさまざまな奇跡の言い伝えのある巡礼地が数多くあり、人々はそこに救いを求めて、あるいは娯楽をかねて巡礼の旅に出ました。遠方の有名な巡礼地

(例えばスペインのサンチャゴ・デ・コンポステーラ)などに行く場合もありますが、比較的近くの巡礼地に繰り返し行く場合もあります。最後に挙げるのは、移動しなければ生活できない人々で、歴史学では「周縁の民」などとも呼ばれる人々です。普通の人々の生活のいわば外側で生活する人々がこれにあたり、乞食、芸人——主に音楽を奏でる人々——、売春婦などがいました。

それでは次に、彼ら旅人はどのように旅をしたのでしょうか。ここでは特に道路に注目してみたいと思います。と言いますのも、ヨーロッパにおいて道路の舗装が本格的に始まるのは一七世紀後半以降のことで、それ以前はローマ時代のような立派な舗装道路はほとんどなかったからです。未舗装の道路は、雨が降るとぬかるみ、大雨や洪水で道そのものが消え去ることも多くありました。また人通りの少ない道には草が生え、道そのものが分からなくなることもあったようです。また、道には方角や行き先を示す標識の類は、巡礼の道を除いて、ありませんでした。このような状態の道を徒歩であるいは馬に乗って移動するわけですが、旅人たちはどのようにして道を探したのでしょうか。

まず思いつくことは、道を知っている地元の住民に道を聞きながら旅を続ける、あるいは村人に道案内を依頼し、次の村まで案内してもらう方法です。この方法は最も簡便に思われますが、しかし危険がなくはありませんでした。それはゲルマン以来の独特な遺失物に対する権利の意識でした。それによると、例えば旅人の持ち物が地面に落ちた場合、その旅人は落ちた物の所有権を失うというものです。立派な身なりの人物あるいは物をたくさん積んだ荷車をつれた商人の道案内をする場合、彼らの物が地面に落ちれば、それを拾って合法的に自分の物にすることができました。そのため道に落とし穴を作っておいたり、わざと危険な道に案内したことなどが伝えられています。そもそもこの権利を活用するために、住民たちは地域内の道路を積極的に整備しようなどとは考えなかったとも言われています。悪路であればあるほど、チャンスがあるわけです。そうなりますと迂闊に道を聞くことは危険かもしれません。そのため人々は集団で移動することを選択します。商人たちは隊商を組んで移動しましたし、特にこの時代の巡礼は今で言うところの団体旅行でした。また、職人たちも同じ業種ごとに助け合いながら遍歴を行っていました。しかしこうした悪路を移動することはやはり危険ですので、身の安全を考えるならば、必要がなければ旅に出ない、出るとしても道を知っている範囲を移動することになるだろうと思います。

このように中世ヨーロッパの道は、今の私たちから見ると、劣悪な状態にありました。この点は馬車に乗って移動するような身分の高い人々にとっても例外ではありません。ローマ教皇の馬車がひっくり返り、馬車から放り出されている絵なども残っています。さらにこうした道路には、現在の道路には不可欠な標識の類がほとんどありませんでした。この道はどこに行く道なのか、分かれ道でどちらに行けばいいのか。道案内がこの点では不可欠ですが、これについても先ほどのような有様です。自力で方角を知る方法としては、太陽の方角あるいは遠景に見える教会などの高い建物などの風景が役立ったようです。また、道路には街灯の類もありません。都市内の道路に街灯が整備されるのはだいたい一七世紀以降ですし、郊外の道路はそれ以降も街灯はありません。月明かりがない夜などは、真っ暗闇ですので、特殊な目的を持った人以外は、おそらく移動などしなかった、あるいはできなかったと思われます。

このような道路事情からして、中世ヨーロッパにおける旅は、それだけでも十分に危険だったと言えると思います。しかしこうした状況にさらに追い打ちをかけるような事態もありました。特に一四世紀以降になりますと、経済的に落ちぶれた荘園領主などが集団で盗賊となり、移動中の商人などを襲いました。そのため集団で移動しその上用心棒をつけることもありましたが、その用心棒が盗賊と顔見知りであったりすると、何の役にも立たないこともあったようです。

また、もう一つこの時代に特有なこととして、各地に通行税を取るための関所があったことを挙げることができます。旅人はこうした関所を通過するたびに、繰り返し税を取られました。これを何とか避けようと、国王や有力な貴族などから免税手形のようなものを手に入れる者もいましたが、必ずしも役立つものではなかったようです。それであれば、陸路よりも水路(河川)の方が安全と思われるかもしれません。道を聞いたり案内を依頼する心配もなく、また突然盗賊に襲われる心配も少なくなるかもしれません。事実、中世のヨーロッパでは水運がかなり発達しており、水路での移動も頻繁に行なわれていました。しかし川の途中にも関所が設けられ、そのたびに下船させられ、通行税を取られていました。例えば、有名な画家であるデューラーが、一六世紀にライン川を使ってネーデルラントへの旅に出て詳細な日記を残しています。それを見ますと、関所で何度も足止めされ、国王からもらった免税手形を見せても効果がなく、関所の担当者の肖像画を描いたり、賄賂を渡したりして何とか旅を続けたことが記されています。

このように旅に出ることは多くの危険に遭遇することでもありました。先ほども述べましたが、このような時代にあっては、移動する必要がある人だけが旅に出るのであり、今の私たちのように、旅そのものが目的の旅はなかったのです。

二　「郵便の発見」

このような状況の中で、郵便が始まります。そもそもこの郵便の始まりとは何を意味しているのでしょうか。

一四九〇年にフランツ・タクシスという人物が、ドイツで初めて郵便を始めます。ここで言う郵便とは、宿駅や郵便局の間を騎乗の郵便配達夫がリレー方式で手紙などの軽貨物を運ぶシステムを指します。タクシス家が始めた郵便と似たようなシステムの郵便は、古代ローマ帝国にも存在していました。しかしローマ帝国では、このシステムを利用できたのは、皇帝の許可を得た人たちだけに限定されていました。見出しに「郵便の発見」という言葉を使いましたが、これは一七世紀に用いられた表現です。当時の有名な法学者が、一四九二年のコロンブスによるアメリカ大陸の発見とフランツ・タクシスの郵便を比較して、「郵便の発見」の方がはるかに大きな影響を及ぼしたと記しています。

では、このような「郵便の発見」をしたタクシス家とはどのような家だったのでしょうか。タクシス家は、イタリア出身の家門です。長くローマ教皇庁の飛脚を担当しており、飛脚としてヨーロッパ各地を移動するとともに、飛脚頭のような地位にも就いていた家門です。ようするに、移動や運送について経験を相当に積んでいる家門ということになります。このタクシス家が、当時神聖ローマ帝国の皇帝の位にあったハプスブルク家と郵便契約を結び、初めての郵便路線を敷設したのが、一四九〇年だったわけです。

この当時のハプスブルク家は、有名な結婚政策の結果、所領を急速に拡大しました。しかもその所領はヨーロッパ各地に散在するものでした。もともとの所領であるオーストリアとスイス地方の他に、今のオランダやベルギーのいわゆる低地地方、さらにスペインとハンガリーとポーランドなどです。こうした離れた所領を支配するために、所領間を通信で結ぶ必要に迫られ、タクシス家にそれを委託したわけです。その際最初に敷設された郵便路線が、今のオーストリアのインスブルックとベルギーのブリュッセルを結ぶ路線でした。

それではタクシス家はいったいどのように郵便路線を敷設したのでしょうか。そもそも郵便路線という言葉自体耳慣れないかもしれません。鉄道路線をイメージすると少し分かりやすくなるかもしれません。郵便路線を敷設するにあたってまず行なったことは、郵便路線を計画している街道にある旅籠や飲食店などと契約を結び、郵便局あるいは宿駅とします。神聖ローマ帝国の紋章である双頭の鷲の紋章のついた郵便の看板を使用する許可を与え、収益の分配の比率や方法を定めました。

タクシスは、街道を馬で移動しながら、めぼしい旅籠や飲食店があると、その主人と交渉し、契約を結んで先に進みました。可能な限り一定の間隔で宿駅の契約を結び、基本的には二ドイツマイル（約一五キロ）間隔で宿駅を設置します。最初はかなり不均等に宿駅が設置されたようですが、少しずつ間隔を二ドイツマイルに揃えることによって、スピードアップと定時輸送を図ることになります。やがてこの二ドイツマイルを郵便配達夫は馬に乗って二時間で移動することになりますので、時速にすると七〜八キロになります。

さてこうして街道に宿駅や郵便局の設置が終わると、この間を馬に乗った郵便配達夫が郵便物を持って移動します。郵便配達夫と馬は原則として宿駅ごとに交替しますので、いわばリレー方式で配送されることになります。これを二四時間体制で行なったと言われています。鉄道路線のイメージで言うと、宿駅は鉄道の各駅に相当し、郵便局は都市に設置される中央駅に相当します。列車がレールの上を走るように、郵便配達夫が街道を馬で移動します。そして駅ごとに馬も人も交代します。ですから宿駅や郵便局は、一定の駅馬を常に用意するとともに、郵便配達夫のために食事と宿泊の設備を備える必要がありました。また、郵便が二四時間体制をとったために、当初は都市の中に郵便局は設置されませんでした。ヨーロッパの中世都市は、周りを高い壁で囲まれた空間であり、街道別に門が作られ、日の出で開門し日没で閉門していました。タクシス家から、都市内に郵便局の設置を要請されるのですが、都市は安全上の観点から、夜間、郵便配達夫のために門を開閉することを嫌いこれを拒否しました。一六世紀の後半になり、郵便が大変に有益であることが分かってきますと、都市内に郵便局を設置することを徐々に許すようになりますが、それまでは郵便局は都市の壁の外に設置されていました。新しい通信制度が受け入れられるまでに、それなりに時間を要したわけです。

タクシス家とハプスブルク家が結んだ当初の契約では、ハプスブルク家はこの郵便路線の維持費を支払うことになっていました。しかしハプスブルク家は経済的な理由からこれを支払うことができませんでした。そのためタクシス家は、郵便路線をハプスブルク家以外の人々に開放する許可を得て、その収益(郵便料金)で郵便路線を維持することにしました。このため、ハプスブルク家からの要請とは別に、タクシス家は収益を上げるために、儲かる路線を敷設することに熱心になりました。その結果、比較的短期間のうちに郵便路線網と呼べるような複数の路線が交差する状況になりました。

複数の路線が設置され、特定の郵便局や宿駅で交わることになりますと、当然のことながらそれぞれの路線の配送の時間を厳密に管理する必要が生まれます。再び鉄道のイメージを利用すると、列車の乗り換えと同じことで、複数の路線が交わる駅では、互いに利用しやすいように時間を調整する必要があります。そのために郵便局や宿駅で郵便の発着時間表を作成し、時間管理体制を整備するのですが、しかし肝心の配達夫が時間通りに配送しないことには、話になりません。そのため最初から配達夫に対する職務規律が厳しく定められており、違反した場合には罰金を科すことなどが繰り返し規定されました。このことは裏を返せば、配達夫は必ずしも規律を守らなかったことを意味していると思いますが、この点についてはまた後で少々触れたいと思います。このようにして郵便路線は、ドイツ全体に広がり、やがて隣国との接続がなされることになります。いわば「国際郵便」ですが、そのための会議も一七世紀以降開催されることになります。

三　郵便路線の旅

このようにヨーロッパ各地に拡大した郵便路線には、必ず宿駅や郵便局が設置されていました。これらの宿駅は、郵便物の発着の場であるとともに、飲食と宿泊を提供することができる施設でもありました。すでに述べましたように、宿駅の多くはもともとは飲食店や旅籠だったわけですから、これらのサービスの提供はさほど難しいものではなかったと思われます。飲食や宿泊のサービスは、配達夫のためにまずは提供されるべきものですが、それ以外にもその宿駅の規模等に応じて、他の人々にサービスを提供することは禁じられておりません。飲食や宿泊の他には、宿駅は配達夫が利用する馬を一定の数以上常に備えておくことが義務づけられていましたので、宿駅によっては、馬に余裕がある場合には、その駅馬を旅行者に貸し出すサービスを提供していました。このような宿駅のサービスは、宿駅ごとにかなり内容が異なっており、この点は後で述べることになりますが、旅行案内書が各宿駅で提供されるサービスを克明に記すことになります。このような宿駅が、約一五キロごとに設置されているのが郵便路線であり、郵便路線の街道を移動すれば、これらのサービスを利用することができたわけです。宿駅や郵便局は、単に郵便の施設であるだけではなく、旅行者にとっても大変に便利な施設だったことをご理解いただけるのではないかと思います。

さらに一七世紀後半以降、郵便馬車が走る路線が誕生します。この郵便馬車は、郵便物などの荷物だけではなく、人を運ぶことができました。これまで手紙等の軽貨物に限定されていた郵便が、一気にその輸送の対象範囲を旅客部門まで広げることになりました。この郵便馬車は、一九世紀に鉄道が普及するまでの間、ヨーロッパにおける最大の陸上輸送手段であり、徐々にその路線を拡大していきます。後に敷設される鉄道路線は、基本的にこの郵便馬車路線とほぼ一致しています。

しかしこの郵便馬車は、利用者にとっては決して快適な乗り物とは言えませんでした。そもそも車輪が木製の上に、揺れを和らげるスプリングのような装置もついていませんので、地面の凸凹などの揺れが、そのまま乗客に伝わることになります。ゆっくりと走れば、まだ揺れは小さく済みますが、速く走る郵便馬車の場合、それを期待することはできません。例えば、ヨーロッパ中を演奏旅行したモーツァルトは、父親宛の手紙の中で、すごいスピードで走り揺れがひどい郵便馬車に乗りたくないと書いており、専用の馬車を使いたいと父親に訴えています。専用の馬車であれば、ゆっくりと走らせることができ、揺れも小さくなったのだと思います。この決して快適とは言えない乗り物の郵便馬車ですが、しかし運賃さえ払えば、誰でもこの馬車に乗ることができました。農民であろうが商人であろうが、男性でも女性でも、あるいはモーツァルトのような有名人でも貴族でも、さまざまな人々が郵便馬車という空間の中で一定の時間を一緒に過ごすことになります。もちろん同じ揺れに耐えながら。この時代は身分制社会であり、特に近世になりますと、その身分差が非常に強調される傾向にありました。しかしこの郵便馬車の中だけは別でした。運賃さえ払えば身分に関係なく利用することができました。ある研究者は、来る市民社会を先取る空間とみなしています。このような郵便馬車がヨーロッパ中を走り回り始めた一八世紀は、「旅行革命」の世紀とも言われており、これまで基本的には徒歩でしか移動できなかった人々が、たとえ揺れがひどいとしても、馬車に乗って移動することができるようになりました。この当時の人々に、郵便馬車は非常に大きなインパクトを与えたのではないかと思います。

このように郵便路線および郵便馬車路線が多く敷設されるとともに、路線を示す郵便路線図が数多く刊行されるようになりました。多くの郵便路線図が刊行されたということは、多くの人々がこの郵便路線図を利用したということでもあります。郵便路線にある宿駅では、飲食や宿泊が可能でした。また郵便馬車路線であれば、郵便馬車に乗ることもできました。人々は郵便路線図を見て、この路線を旅行したのです。多少遠回りであっても、郵便路線図に従って移動すれば、間違いなく道路があり、飲食も宿泊もできました。他にたとえ近い道があったとしても、その道がどのような状態なのか、途中で休む所はあるのかは分かりません。この当時の言葉で郵便路線を使って旅することを、postiren と言いました。「ポストする・郵便する」とでも言うような感覚の言葉です。この当時の外交使節の記録を見ますと、かなり遠回りでも郵便路線を利用して、ヨーロッパ中を移動していたことが分かります。この当時の郵便路線図は、現在で言えば、道路地図あるいは鉄道路線図に相当するものであり、旅行者にとって不可欠なものだったわけです。

また、一六世紀後半以降、多くの旅行案内書が刊行され人気を博したのですが、その案内書の多くには巻末に郵便路線図が添付されるとともに、この点は先ほど少し述べましたが、宿駅別のサービス一覧や、その周辺の見所や各地の名物などが記されています。現在、私たちが使っている旅行ガイドブックに非常に近い内容で、旅の楽しみが、各地の見所と食べ物や飲み物であったことが分かります。現在のミシュランガイドのように、宿駅を星印のようなものでランクづけしている案内書もあり、大変に興味深いものです。

郵便局や宿駅には、大きな郵便路線図が張り出されましたが、その他には郵便時刻表も張り出されていました。この時刻表は、基本的には、郵便配達夫あるいは郵便馬車の到着および出発時刻を行き先別、曜日別に一週間の一覧表にしたもので、表の周りに寓意的な装飾をほどこした豪華な時刻表も残されています。利用者は、この時刻表を見ながら、郵便や郵便馬車の発着時刻を知ることができました。現在で言えば、電車の時刻表のようなものですが、実はこの電車の時刻表は、この郵便時刻表がそのひな形なのです。

また、郵便は長い間、個々の家への配達をしていませんでした。また現在のポストのようなものもありませんでした。そのため郵便を利用する人々は、最寄りの郵便局や宿駅に出かける必要がありました。商人であれば、奉公人などを定期的に郵便局に行かせていますし、手紙のやりとりをする人々も同様に郵便局に集まります。この当時の郵便局というのは、このような利用者が多く集まる場所であり、いわばたまり場、情報交換の場でもあったのです。

郵便馬車路線が、一七世紀後半以降に普及したことは先ほど述べましたが、この郵便馬車は既存の郵便路線の道路をそのまま通ることはできません。郵便馬車が通るためには、その道路を舗装することが必要でした。地面がむき出しの道路では、高速で走らなければならない郵便馬車の運行は非常に危険です。そのため郵便を運営するタクシス家は、郵便馬車路線を予定している地域の領主に、領内の該当する道路の舗装を要請しました。舗装は、各地の領主が行なう作業であり、タクシス家が負担する工事ではなかったわけです。舗装とともに、馬車が安全にすれ違うことができる幅を確保することも必要でした。

このような要請を受けて、各地で一七世紀後半以降、道路の舗装工事が行われるのですが、この舗装工事には、当時の軍事技術、特に築城技術が応用されました。この当時は大砲による攻撃に耐えることができる城作りが一段落した時期であり、これまで城の建設や修理にあたっていた技術者が、この舗装道路建設にあたりました。舗装道路は、今もあちらこちらで行われている道路工事を見ると分かりますように、ただ表面に石を敷いて舗装すればよいものではありません。地面を掘って下地を作り転圧し、水平機などを使って高さを調整して作らなければなりません。また道路の両側には側溝を設け、道路に降った雨水が両側に流れるようにしないと、道路はすぐに雨で凸凹になります。さらに側溝の水も流れるように傾斜をつけないといけないことは言うまでもありません。しかも舗装道路は、一度舗装すれば終わりではなく、補修工事が必要になります。舗装工事自体でもかなりの費用がかかる上に、それ以降も継続的に補修費が必要でした。

そのため、タクシス家からの要請を拒否する領主も多くいました。そのような費用を負担することができないということです。それに対してタクシス家は、拒否した領主の地域を避けるように郵便馬車路線を敷設しました。結果的に、当たり前の話ですが、舗装道路の建設を拒否した地域には、郵便馬車が通らないことになりました。しかし話はそれだけでは済みません。郵便馬車は当時の最大の陸上の輸送・旅客手段であり、また郵便馬車以外の馬車も、舗装道路ができればそちらを通行することを選びます。わざわざ悪路を行く必要はありません。その結果、舗装道路が物流の幹線となりました。さらに一九世紀になると、この点も先ほど述べましたが、この主要な舗装道路に沿って、鉄道が敷かれることになります。一七世紀から一八世紀にかけて、舗装道路を建設するか否かが、その後のその地域の経済的発展に大きな影響を与えることになったわけです。

このような舗装工事の進展とともに、道路にはさまざまな標識が設置されるようになりました。これ以前の道路にはこの種の標識がほとんどなく、この段階でようやく行き先や距離を示す標識が設置されたわけです。これによって人々は道路を移動しながら、行き先を確かめることができるようになり、移動がますます容易になりました。さらに一七世紀以降になりますと、都市の中に街路灯が設置され始め、夜の世界が徐々に明るくなったことについてはすでに話した通りです。

このような舗装道路の建設は、すでに述べましたように、多くの建設費を必要としますし、建設後もその維持管理に多くのお金を必要としました。そのため各地の領主は、安定した収入を確保しなければ舗装道路を維持することができず、しかし舗装道路を建設しないと経済的な発展から取り残されることになったわけです。ここにおいて領主の世界においてもまさに生き残りがかかったわけで、多くの弱小領主は有力な領主の支配に飲み込まれる傾向を示し始めます。このことは今日のテーマとは関係がありませんので、これ以上は立ち入りません。

このようにお金がかかる工事ではありましたが、他方、工事には新たな労働者が必要であり、こうした舗装工事と補修工事は、新しい産業を形成し、新しい雇用を生み出すことにもなりました。一八世紀は人口が増加した時期にあたり、まさにこの新しい雇用は当時の社会にあっても歓迎されることだったのです。

四　時間・空間意識の変化

これまで郵便と旅行の関係を中心に話してきましたが、郵便が旅行の環境を整えることに貢献したことをお分かりいただけたかと思います。それでは少し視点を変えて、今まで話した郵便の発展が、当時の人々の時間と空間意識にも大きな影響を及ぼしたことに触れたいと思います。まず時間意識から始めます。

中世ヨーロッパの時間は、基本的には教会の鐘が知らせる不定時法によって規定されていました。日本も明治以前は不定時法で同じです。子の刻などという表現は、時代劇などでも耳にする言葉です。この不定時法は、昼間を一二等分しますので、季節によって一時間の長さが異なることになります。この昼間の長さの計測は主に教会によって日時計を使って行なわれており、教会はそれを鐘で知らせていました。人々は教会の鐘の音で時間を知り生活していたわけです。このような中世の時間の中に、一四世紀半ば以降、イタリアから機械時計が普及し始めます。この機械時計は、定時法に基づく時間を知らせるものであり、最初は塔時計という形で設置が始まりました。都市が市庁舎の塔などに、大きな機械時計を設置しました。この時計が示す時間は、定時法ですので、原則としては一時間が六〇分で、天候や季節に関係なく、定時で時間を刻む時計でした。

各都市は、この塔時計を争うように設置し、いわば都市の威信をこの塔時計にかけるようになります。より豪華で美しい塔時計が相次いで設置されたのです。からくり人形がついている塔時計が、今も観光名所になっている都市が多くあります。しかし時計で重要なことは、なんといっても時間を正確に刻むことです。しかし初期の塔時計は、時間のズレが大きく、またしばしば止まってしまうなどトラブルが相次ぎます。そのため都市は、立派な塔時計を設置するだけでなく、その維持管理を行なう腕のいい時計職人を雇う必要がありました。腕がいいという評判の時計職人は引っ張りだこだったようですが、これによって悲劇的なことも起きたようです。腕のいい時計職人をよその都市にとられないようにするために、時計職人の足を切ったという恐ろしい話も残っています。

一定の時間を知らせる道具としては、この塔時計の他に、今の私たちの身近にもある砂時計があります。この当時は砂時計がかなり利用されていたようで、例えば大学の講義室にも大きな一時間計などの砂時計が用意されており、はじめに教師がそれをひっくり返し、砂が下に落ちきったら一時間の講義は終了になります。二時間の講義であれば、もう一度ひっくり返して、それが落ちきって終了という具合です。今の私たちがよく見る砂時計は、三分計とか五分計などですが、当時はもっと大きなものが各所に備えられていたようです。砂時計の他には蠟燭時計と呼ばれるものがありました。こちらは現在ではほとんど目にしませんが、この当時は多く使われていました。蠟燭の途中にピンが打ち込まれているタイプや、燭台に目盛りが刻まれているタイプなどいろいろあるようですが、こちらはその性質上、なかなか当時のものが残っていません。

一方、時刻を知るための機械時計は、塔時計から家庭用の時計(柱時計や置き時計)、さらには携帯用の時計(懐中時計や腕時計)という形で普及していきます。その際時計自体にも大きな変化が起きており、最初の時計の針は一本でしたが、それが一七世紀頃から二本針に変わります。これは人々がより細かな時間を知ることを求めるようになった結果として理解することができます。今の私たちの時計には秒針まであります。人々はどんどん細かな時間を求めるようになったわけで、まさにこのことが時間意識の変化を物語っていると思います。この点については最後にまた触れたいと思います。

このように塔時計に始まって機械時計が普及するのですが、しかし時計があるからといって、これまでの不定時法から定時法の時間にすぐに切り替わるわけでは必ずしもありません。これまでの中世の時間意識を現在の私たちのような時間意識へと変えていくきっかけの一つとなったのが、郵便だと思います。

すでに述べたように、郵便時刻表が宿駅や郵便局に張り出され、その時刻表に従って郵便配達夫が出入りしました。定時法による時計によって時間を管理された郵便配達夫の姿をここに見ることができます。郵便配達夫は、手にホルンを持ち、郵便局や宿駅の発着の際には、それを鳴らして発着を知らせました。従来の不定時法とは異なる、定時法の機械時計の時間を郵便配達夫はホルンで知らせたわけです。また馬で移動する途中で、進行を妨げそうな人がいると、警笛としてホルンを鳴らすことも許されていました。さらに郵便配達夫は、比較的派手な色合いの制服を着て働きました。派手な色合いにした理由は目立つためで、目立つことで、他の人などとの衝突を避ける意味があったと言われています。ようするに郵便配達夫は風景の中で目立つ存在であり、そのような彼らは、機械時計の示す定時法の時間に従って移動していたわけです。不定時法の時間で生活をしている多くの人々の中に、定時法に従って働く目立つ男たちが現われたということができます。もちろん彼ら郵便配達夫が、時間を常に守って働いていたわけではありません。繰り返し時間を守るように指示が出されていますし、しかも同時代の文学では、郵便配達夫は大酒飲みの代名詞的な存在でもあったようです。郵便配達夫が仕事中に制服を着たまま居酒屋で大酒を飲んでいたわけですから、非常に目立ったことは間違いありません。

郵便路線が、時代とともに多く敷設され、路線網と言える状態になったことについてはすでに話しました。このような状態になりますと、当然のことながら広い地域で同じ時刻を共有する必要が生まれます。郵便の接続を確実に行なうためにも、時間の調整が不可欠であり、郵便局ごとに時刻が違っていたのでは話になりません。しかしこの当時の時計の精度はあまり良くなく、進んだり遅れたり、あるいは故障したりと、時計によって示す時刻がまちまちでした。特に都市の中の塔時計の示す時刻は、都市によってかなり違っていたようです。そうなりますと、それぞれの都市の塔時計を基準にして郵便局の時計を調整していると、接続がうまくいかなくなることになります。そのために郵便配達夫は、携帯用の時計を持ち、宿駅や郵便局の時計を調整しました。ようするに郵便局の時計が示している時刻は、他の都市とほぼ同じだったわけです。こうして郵便局がその地域の標準時間を示す時計となり、例えばプロイセン王国においては、ベルリンの中央郵便局の時計が、標準時計とされました。

ちなみに日本では、明治四(一八七一)年から正午を知らせる空砲(通称ドン)が、陸軍によって皇居の中で毎日撃たれていました。陸軍ではこの正午を知るために、三つの時計を用意し、それらを比較して正午を決めてドンを撃ちました。そのため時には数分実際の正午とずれていたこともあったと言われています。明治二一年からは全国各地でドンが撃たれ、大正一〇(一九二一)年まで続いたと言います。

このように郵便局や郵便配達夫が示す定時法の時間が、徐々に社会の中で定着していくことになります。郵便局を利用する人は、郵便局の時間に合わせて自分の生活をしなければなりません。時計の示す時間で、自分の生活を管理する必要が出てきました。そうしますと当然のことながら時間を気にして生活する必要があり、例えば、教会のミサの開始時間、裁判や会議の開始時間や労働の時間なども、新たに時計時間によって規定されなければならなくなります。人々は今の私たちと同様に、生活を時間で管理する、いわばスケジュール管理をし、複数の用事が同じ時間に重ならないように注意しなければならなくなります。時間を知る必要から徐々に、一般の家庭にも時計が普及し始めますが、相変わらず精度が低く、郵便局の時計に常に合わせなければなりませんでした。

こうして中世の不定時法の時間意識から、近代的な時間意識へと変わっていくわけですが、ここではその特色として一点だけ触れておきたいと思います。それは遅刻という問題です。遅刻というものに対して、私たちはマイナスのイメージを持っていると思いますが、遅刻という考え方は、そもそも共通の時間を持つ者同士が、時間管理の中で設定した時刻の約束に遅れることを意味しています。共通の時間や時間管理ということがない世界では、遅刻という発想はありません。この時間意識、遅刻という点で、大変に興味深い話があります。それは幕末から明治初期に日本を訪れた外国人が書き残したものです。日本の場合は明治に入ると、それまでの不定時法の時間から定時法の時間へと切り替えたわけですが、人々の意識はそう簡単には変わりませんでした。欧米から来た外国人はすっかり定時法の時間、時計の時間の中で生活していた人々であり、そのような外国人が、日本に来て大変に不思議なと言いますか興味深い体験をし、それを書き留めています。例えば、アーネスト・サトウ(一八四三―一九二九年)という人物が、イギリスの外交官随員として、一八六二(文久二)年から六八(明治元)年に日本に滞在しました。まさに幕末から明治の時代です。この頃の日本はまだ不定時法の世界です。彼はこんな風に記しています。「当時一般の人々は時計を持たなかったし、また時間の厳守ということもなかったのである。二時に招かれたとしても、一時に行くこともあり、三時になることもあり、もっと遅く出かける場合もよくある。実際、日本の時刻は二週間ごとに長さが変わるので、日の出、正午、日没、真夜中を除けば、一日の時間について正確を期することはきわめてむずかしいのだ」（アーネスト・サトウ『一外交官の見た明治維新（下）』岩波文庫、七頁）。定時法の世界になじんだ外国人と不定時法の世界の日本人が遭遇した稀な瞬間だと思います。

また、ゆっくりと作業すること、ゆっくりとしたペースで行なうことは怠惰とみなされる傾向を示すことにもなります。定められた時間を守り、効率的に素早く行動することが求められるようになるわけです。このような時間意識になってきますと、人々はより速く移動し、より速く情報を入手し、より速く売り買いをすることで利益が上がると思い始めます。今の私たちと同じです。「速く、速く」と思い始めるわけです。社会はますます加速の傾向を示し、迅速であること、時間に正確であることが求められるようになります。まさに「時は金なり」の世界が誕生したわけです。この言葉は、ベンジャミン・フランクリンの有名な言葉ですが、彼が生きた時代は、まさに一八世紀だったのです。この言葉が日本に紹介されたのは、明治三〜四年に刊行されたサミュエル・スマイルズの著作で中村正直翻訳の『西国立志編』だと言われています。この本は当時のベストセラーになった本の一つですが、この中には、わずかな時間をも惜しんで努力してすぐれた仕事を成し遂げた人々の逸話がたくさん紹介されています。時間意識を近代的なものに変えるために、このような本が刊行され、多くの人々がこのような時間の使い方が、正しい良い使い方だと思うようになるのだと思います。

それでは次に時間から空間意識へ話題を変えたいと思います。郵便が当時の人々の空間意識も変えたということを説明したいと思います。

すでに繰り返し述べましたが、郵便路線図は、いわばこの当時の道路地図でもあり、宿駅や郵便局に張り出されただけでなく、旅行案内書などにも添付されるなど、さまざまなタイプのものが作成され、多くの人々が目にするものとなりました。このような地図を見たときに、人々は最初に何をするでしょうか。地図を見てまずすることは、自分が住んでいる場所は、この地図のどこなのかを探すことではないでしょうか。そして自分の場所が分かるとその周辺の都市や、名前を聞いたことがある都市、知人がいる都市などを地図の上で探すのではないでしょうか。しかも郵便路線図では、路線が線で引かれており、自分が住んでいる場所から、どのような路線で移動すればその都市に行くことができるのかを目で見ることができます。さらに郵便馬車路線が敷設されますと、一般の郵便路線は単線、郵便馬車路線は二重線と区別されて一目で見分けることができ、また宿駅や郵便局についても、その規模やサービス内容に応じて印を変えるなど工夫がなされています。

このような郵便路線図とは別に、郵便距離表というものもありました。これは主要都市間の距離を示しているもので、現在私たちが道路地図の冊子に見る道路距離表とまったく同じ形態の表です。この表を見ることで、都市間の距離というものを数字で把握することができます。この距離表から移動にかかる時間を計算することもできますが、さらに郵便局に張り出されている郵便時刻表によって、特に郵便馬車の発着時間を知ることで、所要時間をより正確に知ることができました。また郵便局には、郵便料金表あるいは馬車の料金表がありました。特に馬車の料金表は移動にかかる旅費として、どこまで行くのにいくらかかるのかを具体的に知ることができました。

路線表をはじめとするさまざまな表を通じて、人々は空間というものを数字で把握することができるようになったと言うことができます。目に見えない空間を数字で把握する。今の私たちには当たり前のことかもしれませんが、このことはこの段階で初めて可能になったと言うことができます。数字で把握することができれば、空間は計算可能になります。距離も時間も運賃もすべて計算によって理解することができるのです。この段階に達しますと、人々の心の中には、いわばメンタルマップが作られるようになります。実際の都市間の距離と、移動に必要な時間との相互の関連の中で、たとえ距離が遠く離れていても、郵便馬車でつながっていると速く移動することができ、近くに感じます。距離が近くても、郵便馬車がつながっておらず移動に時間がかかる場合は、遠くに感じます。さらに郵便馬車路線が新たに敷設されると、その間の空間は「縮む」と理解されます。物理的な距離自体は変わらないのですが、所要時間が短くなることで、人々は近く感じます。これを「空間の縮み」と言います。このように今の私たちと同じような空間意識を人々は持ち始め、時間意識とも関連しますが、人々はより早く空間を移動することを求めるようになるのです。早いことは良いことであり、空間はどんどんと縮んでいくのです。

また、このような郵便路線図にはいろいろな種類がありました。現在の西ヨーロッパ全域を含む路線図から一地方に特化したものなど、さまざまです。その中で、国民意識という観点で注目したいのは、一七世紀末以降に作成されたドイツ全域の路線図の存在です。一六世紀以降、徐々に「ドイツ国民」という意識が育まれたと言われていますが、ドイツ全域の郵便路線図は、視覚的にあるいは空間意識として「ドイツ」というものをイメージさせることに貢献したのではないかと思います。実際には存在しない国境線というものをイメージし、国民というアイデンティティを人々が抱き始める。まさにそのような時代にこうした郵便路線図が数多く発行されたのでした。

おわりに

最後に全体を簡単にまとめて終わりにしたいと思います。

今回お話ししましたように、一四九〇年に誕生した郵便というものを原動力、いわばエンジンとして、さまざまな分野で社会が近代化し始めます。これを最近の歴史学では「コミュニケーション革命」と呼んでいます。郵便ですので、通信分野だけの問題と思われがちですが、今日お話ししましたように、道路の整備、旅行環境の整備にも直接影響を与え、さらに時間と空間意識を近代的なものへと変化させることとなりました。

さらに今日は話しませんでしたが、郵便局は一七世紀より新聞を発行していました。新聞といってもこの当時は週刊新聞が主流です。郵便局はこの当時、大勢の人とともに、さまざまな情報が集まる場であり、また同時に情報の発信地でもあったわけです。今も名前に「ポスト」がついている新聞がいくつかあることを思い出していただけると思います。

旅というテーマからだんだんと逸れてしまいましたが、ヨーロッパにおいて、郵便が及ぼした広範な影響をご理解いただけますならば、大変にうれしく思います。

【おすすめ書籍】

ノルベルト・オーラー著、藤代幸一訳『中世の旅』法政大学出版局、一九八九年。
　中世ヨーロッパにおける旅の百科事典的な著作であり、旅を通して中世ヨーロッパ社会を知ることができる。

ゲルハルト・ドールン・ファン・ロッスム著、藤田幸一郎・篠原敏昭・岩波敦子訳『時間の歴史』大月書店、一九九九年。
　古代から近代ヨーロッパにおける時間の歴史をさまざまな角度から分析した良書。近代の時間秩序がどのようにして誕生したのかを知ることができる。

関哲行著『旅する人びと(ヨーロッパの中世4)』岩波書店、二〇〇九年。
　中世ヨーロッパにおいて旅に出た人々を具体的に論ずるとともに、旅の社会的意味を考察する。

西本郁子著『時間意識の近代』法政大学出版局、二〇〇六年。
　日本における一九世紀以降の時間意識の近代化をヨーロッパとの比較を通じて論じている。

星名定雄著『情報と通信の文化史』法政大学出版局、二〇〇六年。
　古代から現代まで、ヨーロッパから日本までの情報・通信に関する総合的な内容。

ヴォルフガング・ベーリンガー著、髙木葉子訳『トゥルン・ウント・タクシス　その郵便と企業の歴史』三元社、二〇一四年。

タクシス家が営んだ郵便事業の総合的な研究書。

第五章　万里の長城を見に行った日本人

武田雅哉

一　万里の長城は月から見えるの？

「万里の長城は、月から肉眼で見える地上で唯一の人工建造物である」——このような言い回しを、聞いたことはおありでしょうか？　「月」が「火星」や「宇宙」になっているバージョンもあります。筆者はいつの頃からか、このことばを聞かされていて、なんとなく「そうか、見えるのか……」と思い込んでいましたが、よく考えると、「ほんとかな？」と首をかしげてしまいます。中国で出された『長城辞典』（一九九九年）をひもといてみるならば、このことばは、一九六九年、アポロ一一号で月面に立った最初の人類、ニール・A・アームストロングの口から発せられたものであると書かれています。

そこでいろいろ調べてみますと、そもそも月から肉眼で見えるわけがないばかりか、アームストロングうんぬんも、真っ赤な都市伝説であることが分かりました。どうやらこの伝説の起源は、ヨーロッパ人が一七世紀くらいから育ててきた中国幻想のひとつであったように思われます。ここではっきり申しあげましょう。月面からは、肉眼では長城は見えません！

中国では、特に文化大革命が終熄してから、ひとりの長城学の学術的権威が、この西洋渡来のことばを好んで使ったことから、国威発揚と愛国心教育の一環として、また内外に向けた観光産業の発展のために、これは全国的な規模で愛用されるようになりました。小学校の教科書でも、この言い回しが用いられていました。

図5-1　宇宙飛行士・楊利偉

二〇〇三年の一〇月。中国初の有人宇宙船「神舟5号」が打ち上げられ、飛行士の楊利偉《ようりい》が地球に帰還した際に、あるテレビ番組で「万里の長城は見えましたか？」とたずねられ、「見えなかった」と答えました(図5-1)。このひとことをきっかけに、「長城は宇宙から見えるのか？」という話題が全国を席捲しました。科学者たちも「見えない」ことを科学的に説明し、自国の誇りである長城が見えないことを知った多くの中国人は、多かれ少なかれ「がっかり」を覚えたことでしょう。教科書に載っていた教材も、「誤った知識」であるとして、抹消されることになりました。

この騒動の過程で、いろいろな論説が書かれました。なかには「これを機に、古代の遺産を自慢したがる中国人の傲慢な性格を反省すべきだ」というような意見を提示する中国人もいました。いずれにしても、二〇〇三年の秋以降、中国人の心性はちょっとした騒動に翻弄されていたのでした。

二　最初に長城を見た日本人？

中国が、国を挙げて、それまでの〈誇り〉や〈自信〉のよりどころであった長城神話をめぐり、苦痛を伴いつつも、過去の精神史の見直しをしているとき、さて、われわれ日本人はどうだったのでしょうか？　これを対岸の火事として、同情したり、あるいは笑ってしまうのも、ひとつの態度かと思いますが、きょうは、わが国の長城に対する認識を、ここを旅した人々の記録を読むことによって、眺めてみたいと思います。

長城を実際に見て報告した、最初の日本人は誰なのでしょう？

江戸幕府は三代将軍家光の時代にあたる、寛永二一（一六四四）年の六月中旬、越前の三国港から三艘の船で松前に向かう際に嵐に遭って漂流した、竹内藤右衛門はじめ五八人の商民たちがいました。かれらは現在のロシア領沿海州ポシェト湾に流れ着き、現地人とのトラブルが原因で、その四三人が殺害されました。生き残った一五名は、現地での調査ののち、盛京（瀋陽《しんよう》、奉天《ほうてん》）に移送されました。

八月下旬頃、盛京に到着したかれらは、さらに官憲による取り調べを受け、さらに北京に移動。一一月から一二月という時期に、四十日ほどの時間を費やして、北京に到着しています。その際、かれらは山海関の長城を通過しているはずです。一六四六年、ソウル経由でふたたび祖国の土を踏むことを得たかれらでしたが、生還者の報告を記録したものが『韃靼《だったん》漂流記』(園田一亀『韃靼漂流記』東洋文庫五三九、平凡社、一九九一年)と呼ばれるものです。そこには、次のような記述が見えています。

韃靼と大明との国境《くにさかい》に石垣を築申《つきもうし》候《そうろう》。万里在候よし申候。高さは拾二三間ほどに見へ申候。但石にて築不申《つきもうさず》候《そうろう》。瓦の様成物《さまなるもの》、厚三寸・四寸にして重ね、しつくひ詰《づめ》にて仕《つかまつり》候《そうろう》。堅く滑《なめらか》に候事、焼物にくすりを懸け置候ごとくにて候。殊の外古く見へ申候得ども、すこしもそこね不申候。道通《みちどおり》の所は此の石垣を丸くくりぬき、其上に門矢倉《やぐら》立申候。此丸く候処も薬を懸け候ごとくに爪もかゝり不申候。(一四二―一四三頁)

おそらくは、これが天下に名高い万里の長城の一端であるという感慨はなかったのかもしれません。時はまさに、明朝が滅び、満洲族による新王朝「清」が、北京に遷都を進めていた頃のことでした。寺田隆信氏は、「漂流者たちは万里の長城を実見した最初の日本人であったと思われる。少なくとも、それを記録した者としてははじめてである」と言っています(『韃靼漂流記』「解題」三二一

図 5-2　「山海関」図(『北支那紀行』より)

頁)。

三　長城を見に行った日本人

漂流は、本人の意志に関わらず、否応なく行かされるわけですが、幕末以来、日本人の大陸旅行者の中には、進んで長城に足を伸ばす者も少なくありませんでした。かれらの多くは、漢学の素養を蓄えた、つまり万里の長城に関する歴史的な情報を腹いっぱいに詰め込んだ知識人でした。

一八七五(明治八)年に刊行された、曽根《そね》俊虎《としとら》の『北支那紀行』(影印本『幕末明治中国見聞録集成・第二巻』ゆまに書房、一九九七年、所収)は、山海関にまで至り、そのスケッチを載せながら、詳細を報告します(図5-2)。

図 5-3　「万里長城之図」(『少年園』1889 年 3 月)

該壁《がいへき》の高厚は、城門の傍《かたわら》を以て算するば、高さ六間余、厚さ五間許《ばかり》なる可《べ》し。其の峰壑《ほうがく》に上下し綿亘《めんこう》せる形状は、実に非常の事業にして驚嘆するに堪《た》ゆるなり。(七八頁)

と、すなおに「驚嘆」している次第です。

一八八九年の雑誌『少年園』(第二巻第二一号)は、長城の絵を載せて、次のように説明しています。

地球上に在りて最大工事として埃及《エジプト》のピラミッドと好対手なるは、支那の万里の長城なり。正史及び雑史に記する所に拠るに、長城は今を去る二千二百年前、秦始皇帝が北狄《ほくてき》を禦《ふせ》ぐ為めに築く所なること疑ふ可からざる事実なり(図5-3)。

さらに、「アメリカ陸軍少将ジェムス・ハリソン」

なる人物のことばを引用しながら、これが正しく利用されるのであれば、北の敵から首都を守備できるのだが……と、現在の清国においては善く活用されていないことを、行間ににじませています。

原田藤一郎は一八九四年に刊行した『亜細亜大陸旅行日誌 并《ならびに》 清韓露三国評論』(影印本『幕末明治中国見聞録集成・第十二巻』ゆまに書房、一九九七年、所収)において、長城を見た印象を記しています。

かれは山海関を通過した際に、首をかしげます。

「ここは長城の起点であるはずだが、長城はどこに見えるのだろう？」と。

どこを見渡しても、万里の長城らしきものは見あたらないからです。そのうちに、はるか彼方の山頂に城塞のようなものが見えました。そこで道行く人に長城の所在をたずねたところ、その城塞こそが長城の遺跡であると言われました。原田はため息をつきます。

> 嗚呼《ああ》、清国の事、如何《いか》に壊廃《かいはい》せしとは云え、長城は是《こ》れ万古不易、東洋の一大工事として、其名、欧米に喧伝せるに非ずや。然るにこのありさまは何事ぞと、遥々《はるばる》、其の実況を知らんと欲し、病を努め、気を励まして来る予も、今、眼前に茲《この》破壊《はかい》を見るに至《いたり》ては、其の感慨果して如何《いかん》ぞ。嗚呼、清国死矣《しせり》との言、実に我を欺《あざむ》かざるなり。(六二頁)。

永遠に変わらぬもの、アジアの巨大工事として世界に名高い「万里の長城」を、体調が悪いのを押して見に来たというのに、この破壊の惨状は、なんたることだ！「清国は死んだ」と言われるが、それはまったく真実であると、かれは嘆ずるのでした。

似たような体験を、法学博士の戸水寛人《とみずひろんど》もしていました。かれは、中国旅行の談話「万里長城及蒙古旅行談」を一九〇二年の『外交時報』第五九号に掲載しています。

戸水は、モンゴルのハノルバというところに長城があることを知って、ここにおいて長城を探そうとしました。石がガラガラ積んであるところに苦労して登り、あたりを眺めたが、長城らしきものはどこにも見えません。双眼鏡で周囲を探したけれど、やっぱり見あたらない。そこで随行してきた兵士にたずねたら、「いま立っているところが長城だ」と言うのでした。戸水は、山海関や八達嶺のレンガ造りの立派な長城を見てきたので、全体がそのようにできていると思い込んでいたのです。

内藤湖南《ないとうこなん》の『支那漫遊　燕山楚水』(一九〇〇年。影印本『幕末明治中国見聞録集成・第四巻』ゆまに書房、一九九七年、所収)では、長城に至る道は、外国人の観光客が多いので、中国の中でも旅行しやすい場所であることが述べられています。かれが八達嶺に立ったときの感慨は次のようです。

……人力の製作として、極めて雄壮なる者なれども、其の山谷に亘《わた》りて蜿蜒《えんえん》高低せるが為に、遥かにして之を望めば、大幅の布帛《ふはく》に、細かに縁飾を施したるが若く見えて、寧《むし》ろ纎麗《せんれい》の致をなせども、更に雄大の感を与えず。此を以て山岳の雄、天地の偉、造化の大能力に比して、人間の微なることを思い、崇高の念、凜然《りんぜん》として懐《こころ》を動かせり(五六—五七頁)

日本人の場合、長城に到達したという単純な爽快感のみならず、秦始皇帝の愚行に想いが及んだり、現在の損壊状況を目にして、無常観を表明してみたり、また自然と人工の対比に感慨が及んだりしているようです。これは、古くから中国の歴史に親しんできたせいなのでしょうか。

旅行記ではありませんが、土井晩翠の「万里長城の歌」(『明治文学全集58　土井晩翠・薄田泣菫・蒲原有明集』筑摩書房、一九六七年、四八―五一頁)は、秦始皇帝のエピソードを詠み込みながら、二千年の歴史を振り返り、一九〇〇年当時の清国が、西欧に浸食されていく様子を嘆息しています。

生ける歴史か数ふれば　齢は高し二千年
影は万里の空遠き　名も長城の壁《へき》の上
(中略)
西暦一千九百年　東亜のあらしあすいかに、
中華の光先王の道この民を救い得じ、
愛を四海に伝ふべき神人《しんじん》の教いま空語、
看ずや豺狼の欲飽かで「基督教徒」血をすゝり
群羊守る力無く「異教の民」の声呑むを。
(中略)

嗚呼千載の後の世の詩人よ既に君の歌
今も響けり長城の暗に隠るる壁《へき》の中《うち》
(中略)

高瀬花陵《たかせかりょう》の『北清見聞録』(一九〇四年。影印本『幕末明治中国見聞録集成・第十五巻』ゆまに書房、一九九七年、所収)もまた、次のように述べています。

……賞《ほ》めなば大国民的の大事業と称して善かろう。されど又、彼の険岳峻峰《けんがくしゅんぽう》の上に何の必要あっての城壁ぞと、却《かえっ》て馬鹿らしくも思われるのである。(九七―九八頁)

……更に長城の後ろに連なる重峰《ちょうほう》よ、畳《たた》む嶺よ、其の雄峻にして豪宕《ごうとう》なる、長城も此処に至っては殆《ほと》んど児戯に類しているような心地がする。人工、遂に自然に及ばないのであろうか。(九八―九九頁)

かれは長城を、一種の巨大なる愚行とみなしているようです。人の手になる建造物は、いくらバカでかいところで、所詮は自然の山脈の壮大さには及ばないというわけです。

前田利定《まえだとしさだ》『支那遊記』(一九一二年。影印本『幕末明治中国見聞録集成・第十七巻』ゆまに書房、一九九七年、所収)の、素直な感想もなかなかにおもしろい。

……それにつけても、往昔《そのかみ》の王の力の如何に強大なりしかを想見いだされ申し候。雄大も雄大、壮大も壮大。雄大とか壮大とか云う文字は、此《かく》の如き場合に引用してこそ初めて用語の適所に適用せらるることと存じ候。（一二八頁）

漢学者である宇野哲人《うのてつと》の『支那文明記』（一九一八年。影印本『幕末明治中国見聞録集成・第八巻』ゆまに書房、一九九七年、所収。『清国文明記』と改題されたものは講談社学術文庫）は、明治末期の清国留学の記録ですが、一九〇六年当時の、長城への旅行の様子がよく分かるものです。

宇野は、「その名《な》世界に轟《とどろ》ける万里長《ばんりのちょうじょう》城を一見せんと同志を糾合《きゅうごう》して」、同行者四名とともに、白米五升、パン三斤、大和煮《やまとに》および福神漬《ふくじんづけ》各三個、醤油一瓶、砂糖一斤、茶一缶、ウイスキー一本、洗面器、鍋釜、茶碗、箸、匙、マッチ、蠟燭、毛布などを携帯し、ロバを雇って、八月一〇日の早朝、北京を出発します。

かれらはまず南口《なんこう》に到着し、宿を取ります。翌日、宿を出て、居庸関《きょようかん》に到着、さらに進むと……

蜿蜒《えんえん》たる蛟龍《こうりゅう》の片鱗が、遥《はるか》に天際《あまぎわ》に表われた。衆皆異口同音《いくどうおん》に叫んで、ア丶万里長城！　と云いながら、俄《にわか》に勢込んで鞭《むち》を挙げ更に行くこと十里にして、始めて八達嶺《パアタリン》に達した、時に午前十時である。（一二一―一三〇頁）

一行は城壁の上に登って和歌を詠み、携えてきたウイスキーの杯を掲げ、「君が代」を二回合唱すると、「大日本帝国天皇陛下万歳」を三回連呼するのですが、これはまあ、御時世がらの興奮の表現です。「予は未だかつて此の時ほど痛快なるを覚えたことは無い」とのこと。たしかに楽しそうであります。

その夜は、南口に戻って一泊し、翌日は十三陵《じゅうさんりょう》を見たり、温泉地の湯山《とうざん》で身を清めた後、北京に帰ったのでした。

一九一二年に刊行された中国観光ガイド『支那風韻記』(影印本『幕末明治中国見聞録集成・第十八巻』ゆまに書房、一九九七年、所収)の「万里の長城」にも、八達嶺に到達すれば、「長城の城壁に、天下の一大壮観を玩《もてあそ》び、遥に東天を拝み、五尺高しと嘯《うそぶ》き、万歳を唱え、快哉を叫ぶことが出来る」と書かれています。

英語で書かれた『日本の目覚め』(一九〇四年)の中で「月から見える長城」と書いている、あの岡倉天心は、何度か大陸に渡り、万里の長城も見ているのですが、どんな心持ちでこれらを眺めていたのでしょう。その旅行日記(「支那旅行日誌」「支那行雑綴」「欧州旅行日誌」など。いずれも『岡倉天心全集』第五巻、平凡社、一九七九年、所収)を読むと、居庸関の彫刻には感激しているようですが、長城そのものについては、きわめてあっさりとしたメモを残しているだけです。

明治期の日本人旅行者は、おおむね八達嶺の長城に登っては、それなりの感慨を得ているようですが、西洋人が抱いたような「神話」じみたものは、長城には求めていないようです。ながらく漢籍の世界でのみ親しんできた中国。それを実際に目の当《ま》たりにしたかれらは、観念の中の「中国」を押し崩してしまうような生々しく強大なパッションに圧倒され、それに壊されまいとするあがきをさえ見せているような気がします。じっさい、筆者自身の経験を思い出してみても、旅行や留学などで、初めて中国の地に降り立ち、現実の巨大建築や、生の中国人に触れたときの感慨は、存外、そのようなものであったかもしれません。

四　満洲国と長城

日本と長城の話を続けていくと、どうしても戦争のことに触れないで済ますことはできないでしょう。

一九三一年正月の雑誌『支那』には、早稲田大学工学士の田辺泰《たなべやすし》による「建築上より見たる万里の長城」という文が掲載されています。

田辺は、八達嶺の長城と居庸関についての詳しい報告をしているのですが、その「はしがき」は、簡にして要を得た、その頃の日本人の長城観、中国観であったと言えるかもしれません。

嘗《かつ》ては北方の騎馬民族として、支那文化建設に怖れられた北狄に対する強固なる防備として築造された長城は、大阪図《だいはんと》を守護する唯一の軍備であり、隆盛なる支那文化の誇りであったのだ。然し眠るが如くにして眠るに非ず、覚めたるが如くにして尚多くの神秘に閉されている今日の支那にあって、崩るるにまかせ、雑草の生い繁れるに委《まか》せて、北部の荒涼たる山地に昔姿を横たえている態は、光輝ある歴史と再生への努力との境を彷徨する支那の象徴と云わずして何であろう。

その翌年の「満洲国」成立から、長城に言及する論説は、日本の大陸進出戦略の文脈の中で物語られるようになります。当時の中国レポートの多くは長城に言及してはいますが、特にそのタイトルに「長城」を含んでいるものから、いくつかの報告を読んで、「長城」の使い方に注目してみましょう。

村松梢風《むらまつしょうふう》「万里の長城を越えて――熱河・北平・横断記」(『中央公論』第四八巻、一九三三年九月号)には、次のような文言が見えます。

読者よ、曾《かつ》て以前に、日本が、蜿々たる万里の長城を境にして直接支那本部とピタリと顔を合せる場面を、空想した人があったであろうか?(二七五頁)

多年研究に研究を積んだ戦略の中にさえ、日本が熱河を迂回して、万里の長城一帯を占領して、支那を北方から脅かすというふうな、雄大極まる、或いは迂遠極まるとも云える戦略については一言も聴くことが出来なかった。（二七六頁）

このレポートの中の村松は、戦地を放浪し、危険を楽しむ冒険家であり、その筆致は、実に楽しげです。

かれは、中国は、北方から侵入してくる勢力だけには、古来、勝ちえた例がないと言ってから、「日本が、上海へ出兵しようと、南京を攻撃しようと、支那は或いは恐れないかも知れない。けれども、この、支那本部の頭の上からヒタ押しに押し出そうとする日本の強大な勢力に対して、支那に果して如何なる方策があるか？」と続け、「日本と親和する以外に栄える道があろうと考えることが大間違いである」と主張しています。そうしてかれは、日本軍の「長城戦」に対して、「われわれはいま支那の歴史を作りつつあるのだ」との感慨を漏らすのでした。

「支那通」として知られ、田漢《でんかん》はじめ、中国の若い文学者たちとの交流もあった村松でしたが、一九二八年五月、山東省に出兵していた日本軍と蒋介石率いる国民革命軍との間に生じた武力衝突「済南《さいなん》事件」に対して支持を表明したことなどによって、かれらとの友情も崩れていきます。その田漢が抗日映画『風雲児女』（一九三五年）のために作詞した主題歌「義勇軍行進曲」は、今、中華人民共和国の国歌となっています。

中野江漢《なかのこうかん》の「万里の長城を語る」（一九三三年）は、雑誌『世界知識』（第四巻第五号）の「長城線と南洋統治領研究」という特集のために書かれたものです。

満洲と支那との国境の一面が「万里の長城」であることは動かすべからざる事実だ。支那人や欧米人の間に、いろいろな議論もあるようだが、それは、要するに認識不足のいたすところで、その歴史の上から観《み》ても、地形の上から観ても従来の行政区画より観ても、これを否定することはできない。（中略）

万里の長城は、歴史的遺物としては、世界的に著名であったが、近来は全く「無用の長物」視されていた。それが、今回の国境問題によって、忽《たちま》ち「有用の長物」として、なくてはならぬものになったことは、長城建築以来、初めて、国際的に認められた第一歩として、その歴史に特異な色彩を加えたわけである。この時において「万里の長城を語る」また徒労のことでないと信ずる。（七二〇頁）

中野の文は、このように始まり、その歴史を説いていきます。江漢は、一九二一年、北京に赴いた芥川龍之介を案内したこともある中国民俗研究家で、すでに『万里の長城』（一九二三年）という著書もありました。

いまひとりの著名な「支那通」である後藤朝太郎は、実に多くの中国ものの通俗書を書いていたひとですが、その中国旅行案内から、長城のガイドを拾い読みしてみましょう。

満洲国成立の年に刊行された『支那旅行案内』(『支那及満洲旅行案内』春陽堂、一九三二年)では、ごくありきたりの長城観光のガイドに加えて、次のような一文のあることが、時勢を彷彿とさせるものがあると言えるでしょう。

満蒙問題の日本人にとつて、その運命をトすべき重大性を有するの秋に当つて、この長城踏破の壮挙は日本の男子にも亦婦人客にも、一様に奨励せられるべきことだと思ふ。(六一一頁)

後藤朝太郎は、さらに一九三八年には、右の書の改訂版とも言うべき『最新支那旅行案内』(黄河書院、一九三八年)を書いていますが、そこでは次のような一文が見えます。

折角長城に打ち上つた日本の勇士は大いに五大洲を呑む詩を吟ずべく、また十六ミリを廻すべく、或はスケツチの上手なものは十分描き取つて来るべきである。長城の上から思ひ出の小便の瀧をするものもある。(一五三頁)

「五大洲を呑む」というあたりから、この頃の意気盛んな時代の空気が読み取れるでしょう。「思ひ出の小便の瀧」とは、いかにもお下品であり、恥ずかしいことですが、日本人特有の歓喜の表現なのでしょう。

五　感傷の長城

一九三七年、日中戦争の勃発に伴い、『中央公論』特派員の尾崎士郎《おざきしろう》が書いた従軍記「長城の半夜」(『中央公論』第五二巻、一〇月臨時大衆版、一九三七年)は、戦闘の惨状を具体的に表現した部分が、ほとんどが「伏せ字」によって隠蔽された形で掲載された、戦場レポートです。そのことについては、今は触れませんが、この中で何度も書き綴られる、万里の長城に対する詠嘆調の文学的感興は、当時の日本人の、いまひとつの長城描写のスタイルであると言えるでしょう。

どのように感情を誇張した形容詞も、此処にいたって、ついに人間の野心と情熱と憤怒と怨恨と哀傷を埋めて、しかも大自然の安らかさの中に三千年の夢を大きく呼吸しながら、勝利と敗北をかすかな溜息さえも洩らさずにじっと見おろしている長城の不可思議な雄大さを説明すべくもないのである。(四六六頁)

……この壮大な長城線を背景にして新秋の色をうかばせた楊柳のかげに人が立っているのが不思議なほどなつかしい。一体何処に戦争があるのかと疑いたくなるほど天地は和平の気にみちみちている。このまま眼を瞑《と》じたら身も心も三千年の夢の中に埋没してしまうのではあるまい

か、——照りつける正午の陽ざしに万里の影を描いて長城は雲の彼方にはるばるとうすれているのである。（四七一頁）

四方を海で囲まれ、海という隔たりによって異国と分かたれている日本人は、明確な国境意識を持ち合わせていないとは、よく言われることですが、今、満洲国を介し、日本は初めて、感触の確かな陸上の「国境」というものを持つことになりました。しかもそれは、よりによって、日本人が古くから憧憬と崇敬を伴って親しんできた、古代中国の偉業である「万里の長城」そのものでした。さながらそれは、最高級のオモチャをいきなり与えられた子供のように、この石積みの「国境」に驚喜し、興奮し、またその興亡の歴史にセンチメンタルな感興を抱いているかのようです。

六　長城以東の〈ユートピア〉

図像表現では、満洲国時期に作られたプロパガンダ・ポスターや伝単《でんたん》（宣伝ビラ）があります。万里の長城「以東」が、人々が楽しく暮らす王道楽土《おうどうらくど》の満洲国であり、長城「以西」は、混乱して腐り切った中華民国であるというメッセージを、あからさまに図像化したものが作られていました。

例えば、関東軍の独立守備隊司令部の製作になる「天国與《と》地獄」と題された伝単がそうです（図5-4）。画面を左右に分かつ万里の長城の右側（東側）では、日の丸と満洲国旗を手にした人々が楽

図 5-4　「天国與地獄」(貴志俊彦『満洲国のビジュアル・メディア』図 40)

しげに踊り、「快活的満洲国民衆」(楽しげな満洲国の民衆)の文字が中国語で書かれています。その下方には勇ましい兵隊が、長城に片足を載せて、長城の西側に銃を向けています。その長城の西側には、「非武装地帯」を挟んで、「地獄」絵図が展開しています。「殺人」や「略奪」に明け暮れする国民党の兵隊と、これに苦しむ民衆が描かれ、「混乱敗壊的中国」(混乱腐敗した中国)の文字が書き込まれています。

このような満洲と長城をめぐる表象の提供は、大人の世界にとどまるものではありませんでした。例えば、戦前の少年向け雑誌『少年倶楽部《しょうねんくらぶ》』もまた、ルポルタージュや小説、あるいは漫画などで、大陸での戦況を積極的に伝えていました。

同誌の一九三一年一二月号は「満洲事変特別号」と銘打ち、池田宣政《いけだのぶまさ》による「満洲事変はな

図5-5「満洲事変はなぜ起つたのでせう？」(『少年倶楽部』1931年12月号)

ぜ起つたのでせう？」と題する、こども向けの時事解説を載せ、日本の行動の正当性を、子供たちに訴えています(図5-5)。池田は、南洋一郎の名で、多くの冒険小説を書いている作家です。

『少年倶楽部』は、毎号の附録が秀逸なのでも知られていましたが、一九三三年七月号の予告ページは、たいへん興味深いものでした。伊藤幾久造《いとうきくぞう》画伯による「長城に翻《ひるがえ》る日章旗」と題する絵を背景にして書き込まれた、二色刷りの文字を、少し拾い読みしてみましょう。

いよいよ待ちに待った、嬉しい八月特大号！　皆さん、少年倶楽部ではこんな大仕掛な、堂々たる特別附録をつけることになりました。目の覚めるような口絵

図 5-6　「万里の長城大模型　付録予告」(『少年倶楽部』1933 年 7 月号)

と痛快な読物で、はち切れんばかりの本誌、その上にこの大附録。思ってみるだけでも、胸が躍るではありませんか！

あゝ、万里の長城

万里の長城は、世界第一の長い大きな城であります。思ひ出すさえ熱血たぎる、あの山海関事件、つづく万里の長城の決戦、そして今、壮烈世界に鳴る北平大進撃！　これは皆、この万里の長城を舞台とする大事件です。

皆さん、今や万里の長城はわれわれ日本国民にとって最も感激の深い、愛国記念の場所となりました。そこで少年倶楽部では、沢山の費用をかけて、「万里の長城大模型」を附録とすることになったのです。愛国の少年諸君は一人残らず、自分の手でこの大模型を組立てて下さい(図5-6)。

かくして翌八月号の附録は、「万里の長城大模型」というペーパークラフト(紙製模型)とあいなったのでした(図5-7)。

図5-7　「万里の長城大模型」(『少年倶楽部』1933年8月号)

この八月号には、中村星果《なかむらせいか》の設計による附録とともに、平田晋策《ひらたしんさく》の「万里の長城は日本の砦だ」などの論説文が掲載されています(図5-8)。平田はこの頃、『少年倶楽部』の発行元である大日本雄弁会講談社から、『われ等の陸海軍』『われ等若《も》し戦はば』『昭和遊撃隊』『新戦艦高千穂《しんせんかんたかちほ》』などの少年向け軍事本を陸続と刊行していた、軍事ジャーナリストでした。

その平田の文に付せられた挿絵の一枚を見てみましょう。日章旗を振りかざし、巨神兵さながらに描かれた日本の軍人が、万里の長城の上に立ちはだかり、小さく描かれた中国の兵隊たちを睥睨しています。そのキャプションには、次のようにあります。

図 5-8　平田晋策「万里の長城は日本の砦だ」(『少年倶楽部』1933 年 8 月号)

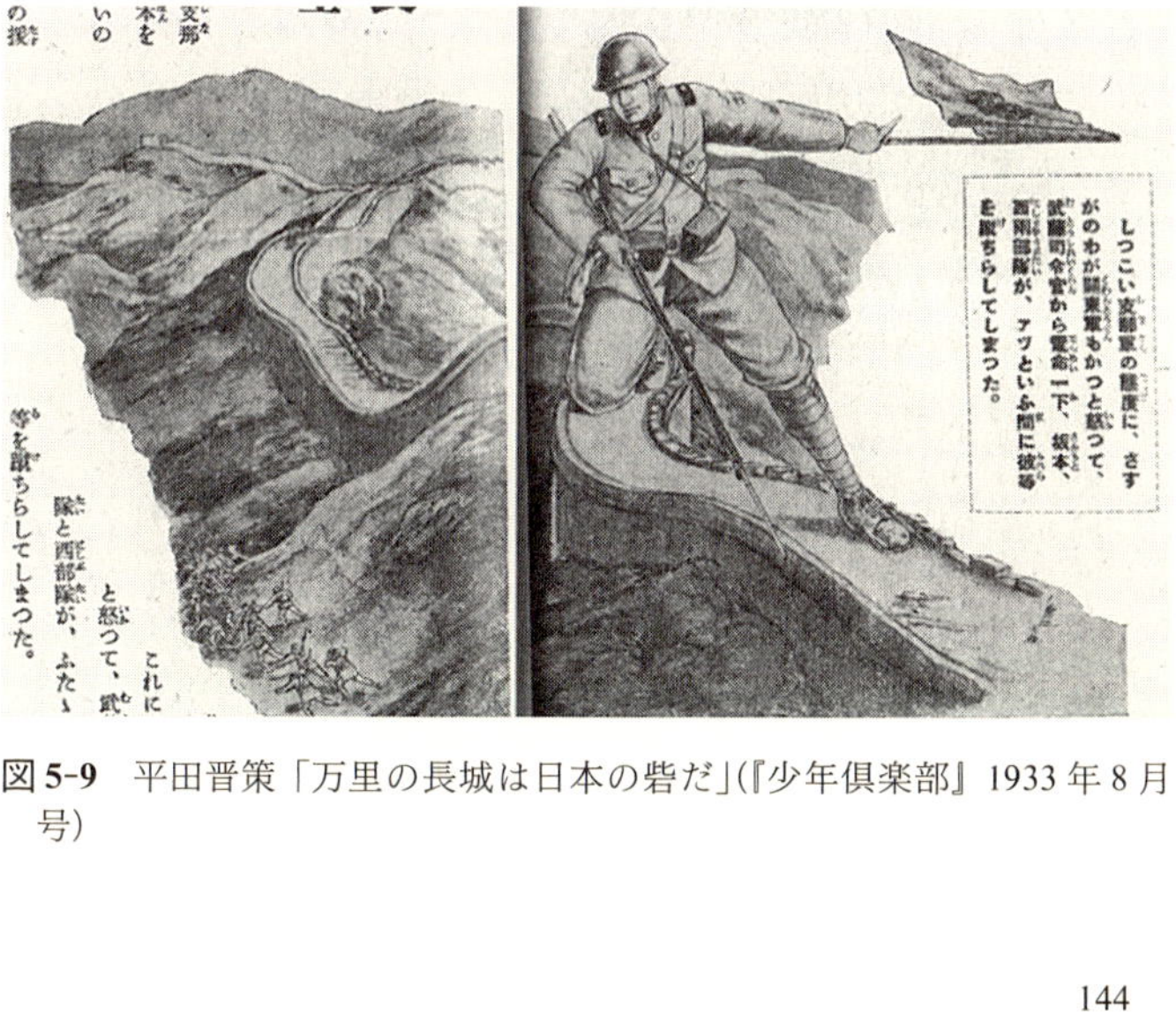

図 5-9　平田晋策「万里の長城は日本の砦だ」(『少年倶楽部』1933 年 8 月号)

しつこい支那軍の態度に、さすがのわが関東軍もかっと怒って、武藤司令官から電命一下、坂本、西岡両部隊が、アッという間に彼等を蹴ちらしてしまった（図5-9）。

「万里の長城」という、手で触れられる「国境」を守備する日本の兵士。——この構図は、永年の憧憬であった古大国の歴史のシンボルをバックにして記念写真をとることであり、この幼い国家にとって、それはそれは、うれしくてたまらないオモチャなわけでありました。

また、当時の歌謡界でも、万里の長城は人気者。「長城行進曲」（作詞：伊藤松雄、作曲：飯田信夫、演奏：日本ビクター管弦楽団、歌手：東京リーダーフェル、フェライン。日本ビクター蓄音器株式会社。**J54196-B**。昭和館レコード目録による）や「長城高し日の御旗」（作詞・作曲：小松耕輔、編曲：深海善次、歌手：灰田勝彦。**J54175-B**。昭和館レコード目録による）など、長城を歌い込んだ歌謡が作られていました。

洋画家の川島理一郎《かわしまりいちろう》が書いた『北支と南支の貌』（龍星閣、一九四〇年）には、長城のスケッチが載せられ、それにはこんなコメントが付されています。

長城線

東は山海関から西は嘉峪関まで山を縫ひ谷を渡り蜿蜒長蛇の如く続いてゐる長城は、日本の里数にして八百余里、まさに文字通りの万里長城である。秦始皇が北狄の侵入に備へてこの大工事を始めたのは二千百余年前といふが、実に驚くべき古代人の奇蹟的偉業である。こゝに描いたのは青龍橋附近の長城線であるが、この辺り一帯は今夏の大洪水で一夜のうちに見るも無惨な姿に化したのを、我が工兵隊の不眠不休の努力で一ヶ月余の間に鉄路の完全復旧を成し遂げたといふ。蓋しこれこそは日本人ならでは為し得ない現代人の奇蹟的工事であつたと称すべきであらう。

ここでは、秦始皇帝の偉業である万里の長城と、現代の日本軍の復旧工事が、ともに「奇蹟的」な事業として並び称されているのが分かります。

総じて戦前までの日本では、長城について書かれたものには、「月から見える」といった謳い文句は、好んで使われることはなかったと言うことができるでしょう。この時期には、日本も中国も、月だの星だのを仰いでいる余裕はなく、互いに水平方向に睨みをきかせていたということになりましょうか。

七　オトナリに行けば、まだまだ「見える」らしい？

「月から見える長城」が、日本人による書き物においても好んで使用され、そのためにこの「神話」が普及していくのは、戦後になってからのことでした。それは、そのようなことばを鮮明に記憶している、われわれの存在が、なによりの証人でしょう。

ぼくは、近所の市立図書館に出向いて、中国の歴史地理を説いた戦後の啓蒙書を手に取って、万里の長城の記述を拾い読みしてみました。一九五八年に刊行された『図説 世界文化史大系 第十五巻 中国1』(貝塚茂樹編集。角川書店)などには、「八達嶺の長城」という写真のキャプションとして、長城は次のように説明されています。

人力の限りをつくして造りあげられたこの長城は、その大きさと長さにおいて地球最大の建造物で、月の世界からも見ることができるといわれている。もってその大きさのほどが知れよう。

戦後の類書は、ほぼこれと同様に、「長城」といえば「月(または宇宙)から見える」が、謳い文句として定着していたようです。

かつて、アジアのさまざまな文化の諸相についてユニークな特集を組んでいた雑誌に、『月刊しにか』(大修館書店)がありました。一九九七年二月号の特集は「万里の長城」でした。特集の巻頭を飾るのは、梅原郁《うめはらかおる》氏の「万里の長城とはなにか——中国史のなかの長城」でしたが、その書き出しは次のようになっています。

月世界へ旅した宇宙飛行士が、地球上に見える建造物として、躊躇なく〝長城〟を挙げている。中国の北部、ほぼ北緯四〇度線に沿って、東西六〇〇〇キロを遥かに超える総延長を持つ現在

の〝万里の長城〟は、人類が作りあげた途方もなく巨大な文化遺産であることは間違いない。（一二頁）

現代においては、知識の伝播には、書物よりもテレビ放送の方が、より大きい力を発揮していると言えるかもしれません。月から見える長城という伝説についても、テレビで耳にしたことがあるという人は、少なくないようです。

一九九一年一二月三〇日に放映された『萬里の長城』は、「ＴＢＳ開局60周年」と銘打って制作された、三時間以上に及ぶ力作です。「六・四」天安門事件の直後という不安定な時期の中国で撮影を敢行したもので、長城に沿って旅をするのが、今は亡き緒形拳。

番組の冒頭で、「宇宙空間から見える唯一の建造物と言われる万里の長城」という説明が入っています。この頃はまだ、いやしくも長城を番組で扱うからには、「宇宙から見える」や「月から見える」は、むしろ枕詞《まくらことば》のように使われてしかるべき、お約束であったのでした。

このようにして、われわれもまた、この世界最大の冗談を、いつでも手に届くような啓蒙的な読み物を通して、幼い時分から脳味噌にたたきこまれてきたというわけです。

八　日本人は長城を見たのか？

問題は、中国が悩みながらもこの神話を否定した、二〇〇三年の秋のことが、日本ではほとんど紹介もされず、また、おもしろがられもしなかったことでしょう。

二〇〇六年一月一二日の夜八時に放送された、ＮＨＫの番組『探険ロマン世界遺産　万里の長城』（日本放送協会、ＮＨＫエンタープライズ『ＮＨＫ探検ロマン世界遺産　万里の長城（DVDBOOK）』講談社、二〇〇八年）の冒頭では、ナレーターが「宇宙からも見えるという建築があります。中国、万里の長城です！」と説明していました。さらに、このことを証明しようとしたのでしょうか、そのアナウンスと同時に、長城の衛星画像が画面を大きく覆いました。

「なるほど、本当に見えるんだ！」

と、あいなるわけなのでしょうか？　これは、読者の皆さんにはすでにご承知のように、いわゆるひとつの〈反則〉ですね。恐怖政治のマインド・コントロールを想起させるものがあります。そう言って悪ければ、一休さんもたじたじの、強引な「とんち合戦」のようなものですね。

ちなみに、二〇〇七年の「関口知宏《せきぐちともひろ》の中国鉄道大紀行～最長片道ルート三六〇〇〇kmをゆく～」（『関口知宏の中国鉄道大紀行　最長片道ルート三六〇〇〇kmをゆく　秋の旅　決定版（ＤＶＤ）』ＮＨＫエンタープライズ、二〇〇八年）では、一〇月一日、北京郊外のまち懐柔《かいじゅう》で下車し、長城の上を歩いていた関口さんは、その横幅の短さをみずからの歩幅で測り、「こんな幅なのに、宇宙から見えるの？」と、首をかしげていたのが印象的でした。

すでに中国では、国家の威信と民族のメンツをかけた長城騒動が起きていたというのに、こんなおもしろい現象には無関心、あるいは無知のままで、それから二年もの歳月を経た時期に、「宇宙からも見える万里の長城」と放映していたわけです。いずれにしても、中国の長城騒動のずっと後になっても、おとなりの日本に行けば、まだまだ月から長城を見ることができたのでした。

そのような文言の群れは、わがニッポンの、「中国の歴史」に対する狭隘な「ロマン」主義を形成するのに、かっこうの材料ともなっているのでしょう。よく「お勉強」しているかのように見せかけている、わが公共放送もまた、隣国で起きているおもしろい事件には、いつもながらの無関心を露呈しているわけでした。日中関係の本質は、領土問題や毒入り餃子で騒ぐことではなく、このあたりにこそ見えているような気がいたします。

【読書案内】


ジャック・ジェルネ等、日比野丈夫監訳、田島淳訳『万里の長城』河出書房新社、一九八四年。

万里の長城のあれこれを、図版をふんだんに配置して説いた大冊。

ジョセフ・ニーダム著、田中淡等訳『中国の科学と文明　第十巻　土木工学』思索社、一九七九年。

ニーダムの『中国の科学と文明』の一冊で、長城を科学史から考察したもの。

『幕末明治中国見聞録集成』ゆまに書房、一九九七年。

本章で読んだ中国旅行記の多くは、この集成に影印版として収録されています。

貴志俊彦『満洲国のビジュアル・メディア——ポスター・絵はがき・切手』吉川弘文館、二〇一〇年。

満洲国時代の図像政策の諸相を、豊富な図版とともに解き明かした一冊。

武田雅哉『万里の長城は月から見えるの？』講談社、二〇一一年。

第５章　万里の長城を見に行った日本人

「万里の長城が月(宇宙、火星……)から見える」という伝説の考察を試みたもの。

第六章　八重山に漂流した朝鮮人たち

――彼らはなぜ、どのようにして朝鮮へ送還されたのか？

橋本　雄

はじめに

歴史を旅すると、さまざまな人や文化に出逢うことができます。私自身、それが楽しくて歴史学を生業《なりわい》にしていると言っても過言ではありません。とりわけ、私の専門分野は中世日本（主に一四〜一六世紀）の国際交流史。「旅」や「交流」に携わる人々に寄り添って研究しているので、おもしろくないはずがない。さしづめ、史料という名のタイムマシンに乗って、時空を自在に飛び回っているような感じでしょうか。

ただそうは言いながら、史料や文献をめくっていくと、時として辛い思いをすることもあります。戦争しかり、飢饉しかり。特に東日本大震災以後は、自然災害の歴史情報が目に飛び込んできます。もちろん、そこから目を背けるのではなく、われわれは未来への指針を得なければなりません。それが歴史を生きた先人たちへの敬意の表われともなるでしょう。

最近は、歴史からはどんな都合の良い「教訓」でも見つけ出せることから、「歴史に学ぶ」こと自体に懐疑的な人もいます。それも一つの見識でしょう。しかしながら、歴史から真の教訓を引き出せるかどうかは、むしろその人自身の力量にかかっているのではないでしょうか。歴史をひもとく当事者の主観や、それを規定している社会の通念や常識を見極め、自身の問題意識を研ぎ澄ますこと。「賢者は歴史に学ぶ」という格言がありますが、その「賢者」になれるかどうかは、結局、自分次第だと思うのです。

冒頭から偉そうな話をして恐縮ですが、私は日頃、このような問題意識から、歴史上の物事を複眼的かつ構造的に摑むように努力しています。自分の指導する学生諸君にも、同じことを口酸っぱく言っています。何が問題かを発見し、その解決のために問題の構図をきちんと把握する癖をつけておく――。こうした構えは、社会に出てからも必ず役に立つと思うのです。そして大仰な言い方をすれば、大学での研究や教育、なかんずく歴史学をはじめとする人文学の大事な効能の一つだとも考えています。

さて、今回の話では、表題に示した通り、一四七七年、済州島から八重山諸島まで漂流した済州島人《チェジュド》（朝鮮人）たちを取り上げます。嵐に翻弄され、約二週間のあいだ海を漂った末、八重山の西端の島に漂着しますが、その時点で八名の同船者は三名に減っていました。五名の死因は、漂没などが原因です。彼らの抱いた恐怖たるや、想像を絶するものだったでしょう。

ただ、不幸中の幸いというべきか、この生存者三名は二年後、無事に故郷の済州島まで帰ることができました。志ある人々の連携プレーによって、八重山から沖縄、九州を経て朝鮮まで、長駆、送還されたのです。その行程の始終が『朝鮮王朝実録』という朝鮮の官撰史料に残っています。そのおかげで、われわれは彼らの辿った道のりや当時の南島の状況をかなり詳細に知りうるのです。

ただ、いま右に「志ある人々」と書きましたが、それがどんな内容の「志」だったのかは自明ではありません。人命を救助する、故郷に送り返してあげよう——。そんな心温まるヒューマンドラマで話が済むのかといえば、ことはそう単純ではありません。当時の環シナ海域において、漂流民はなぜ、どのように送還されたのか？　この一四七七年済州島人漂流民の事例に沿って見ることで、〝漂流民送還〟の実態に迫り、そこから当時の国際交流のありように迫ってみたいと思います。

実は、この漂流民送還事件自体は、昔からよく知られた事象で、後に触れる〝沖縄学の父〟伊波《いは》普猷《ふゆう》なども積極的に取り上げてきました。文献資料の乏しい先島地域の様子の分かる、重要な史料だからです。ただ、とりわけ沖縄本島から朝鮮半島までの送還劇の舞台裏については、それほど考察が深められているとは言えません。それを本章で構造的に分析してみよう、という趣旨なのです。

そして併せて、こうした問題を追求することにより、琉球史や日本史、朝鮮史という既存の枠組みにも揺さぶりをかけていきましょう。やや抽象的な言い方になりますが、歴史に限らず、社会のあらゆる問題は、その都度、最適な考察範囲を選び直していくものです。だから、その〝地域〟や〝枠組み〟も、アプリオリに固定してしまっては元も子もありません。その場に応じ、どれだけ視野を広げて最も適切な問題領域を設定できるかが、研究者＝問題解決者の腕の見せどころと言ってもよいでしょう。毎回毎回、ある問題を考えるごとに、知の枠組みは変わっていきますし、むしろ変えていかねばなりません。この済州島人漂流民の問題を考えることがそうした範例《モデル》になることを、ひそかに願っています。

一　琉球列島への朝鮮人漂流民と済州島

具体的な話に入る前提として、一五～一六世紀頃、海難事故などの理由で琉球列島に漂流した朝鮮人がどれほどいたのか、確認しておきましょう。これまでの研究によると、確実なところでは、表6-1の一〇例が知られています。もちろん、運良く記録に残った例しかわれわれは知りえませんから、これ以上の漂流・漂没事例があったに相違ありません。ただ、少なくとも二〇年に一度以上の割合で朝鮮人が南西諸島方面まで吹き流された、ということだけは確かです。

言うまでもなく、海に囲まれた国々や諸地域では、海上遭難はどうしても避けられません。それゆえ、海に生きる人々は、まず例外なく〝海の神々〟にすがります。福建由来の媽祖《まそ》(天妃《てんぴ》)や中国・日本に普遍的な観音様、その垂迹《すいじゃく》と見られた天神様(神格化された菅原道真)など、多種多様な航海神が存在していました。和船には、航海安全の願いを込めた船玉《ふなだま》(船霊とも。護符や銭などを小さな祭壇や函に込める)が必ず収められています。かつて沖縄の山原船《ヤンバルブニ》でも、「フーフナダマ」

表 6-1　14 世紀末～16 世紀(古琉球時代中後期)，朝鮮から琉球への漂流民

	漂着年	漂着場所	漂流・送還プロセス	帰国年	典　拠
1	1397 以前？	不明	朝鮮人被虜民・漂流民 9 名を中山王察度が朝鮮へ遣使送還〔使節の真偽は不明〕	1397	朝鮮太祖実録 6 年 8 月乙酉
2	1450	臥蛇島(トカラ列島北部)	薩摩と折半して琉球人が朝鮮人漂流民 2 名(卜麻寧・田皆)を購入。博多商人道安が琉球国王使〔真使〕となって送還	1453	朝鮮端宗実録元年 4 月辛亥・同 5 月丁卯・同 7 月己未
3	1455 以前	不明	博多商人道安が琉球国王使となって送還	1455	朝鮮世祖実録元年 8 月戊辰・同 9 月戊寅
4	1456 以前？	久米島	久米島に漂流した朝鮮人 10 名のうち 2 名を〔購入した？〕僧徳源が琉球国王使〔真使〕となって送還	1461	朝鮮世祖実録 7 年 5 月己巳／歴代宝案 1-39-03
5	1457 以前？	不明	済州島人 5 名(韓金光ら)を博多商人道安ら 15 名が，同 3 名(卜山・升通・吾之)を吾羅沙也文〔対馬島人 or 博多商人？〕が，同 2 名(何卜山・婦人倭志)を日本人宗久が，順次，琉球国王使〔一部水増し型偽使ヵ〕となって送還	1457-58	歴代宝案1-39-03／朝鮮世祖実録 3 年 7 月乙亥／同 4 年 2 月乙卯・閏 2 月壬申・5 月己亥・甲辰／3 月戊戌・8 月丙子
6	1458 以前？	不明	朝鮮人 1 名(何遂)を友仲僧ら 8 名が琉球国王使〔真使〕となって送還〔ただし本来の使者は「日本人泉殿」。さらに副官人も浦所で病臥したため対馬島人頓沙也文の子が副官人になりすます〕	1458	朝鮮世祖実録 4 年 3 月丙申・癸卯・戊申・乙卯・5 月己丑
7	1461	宮古島	朝鮮人 8 名(姜廻ら)を琉球国王使蔡璟・普須古ら〔真使〕が送還	1461	朝鮮世祖実録 7 年 12 月戊辰・戊寅・翌 8 年正月辛亥
8	1477	与那国島	済州島人 3 名(金非衣ら)を，博多商人新時羅ら 219 名が「琉球国王使」〔国書すり替え型偽使〕となって送還	1479	朝鮮成宗実録 10 年 5 月辛未・同 6 月乙未

表6-1　つづき

	漂着年	漂着場所	漂流・送還プロセス	帰国年	典　拠
9	1530以前	不明	済州島人を，中国へ送還	1530	朝鮮中宗実録25年10月甲子
10	1544以前	宮古島	済州島人19名を，琉球の進貢船で中国へ送還（※琉球国天機寺〔天界寺ヵ〕僧なる者により朝鮮済州島人漂流民19名の存在を知った「小二殿」（ニセの少弐氏）が使節春江西堂に託して，彼らのおよび天草・口之津に漂着した中国人200余名の朝鮮経由での送還を朝鮮王朝に申し出るが，朝鮮では二の足を踏み，送還ルートの日本経由か朝鮮経由かは琉球側にゆだねることとした。結局，琉球は中国ルートで送還した）	1545	朝鮮中宗実録39年3月乙卯・丁卯／歴代宝案1-30-04／明世宗実録：嘉靖24年8月丁未

＊本表は渡辺美季氏の論著や筆者の研究などを参考に作成。

というのが存在していたそうです。

それと関連して、嵐に遭ったときなど、帆柱を倒したり荷物を投棄するほか、命を守るための呪術的な作法として、自分の髷《まげ》（髪）を切って海に投ずる行為がありました。秋田は深浦の円覚寺という山岳系真言宗寺院に、約三〇件の北前船の船頭たちが、他の船員ともども髷を切って奉納しています（「髷額」と言い、現在、同寺の関連資料は国指定有形民俗文化財に指定されています）。これは明らかに《髪を切る》作法に則った〝お礼参り〟です（図6-1参照）。こうした作法は、日本に限らず、環シナ海域に相当程度普遍的なものであったことが、近年の研究で明らかになっています。

いま一度、古琉球時代（一六〇九年の島津氏による琉球侵略以前の琉球をこう呼ぶ）の琉球に漂流してきた朝鮮人の一覧（表6-1、特に下線

図6-1　髻額(深浦円覚寺所蔵。同寺撮影・提供)

部)をご覧ください。すると、済州島人の漂流例がかなり多いことにすぐに気づくでしょう。本章の主題である、一四七七年の八重山への漂流民も済州島人でした。

では、なぜ、済州島人の漂流事例が多いのでしょうか？　それは、彼らは朝鮮朝廷に特産の柑子(みかん)を進上するため、天候の不安定な春先に船で漕ぎ出していたからです(図6-2参照)。まさに身を賭しての貢納であったと言えるでしょう。

周知の通り、済州島は、韓国を代表するリゾート地の一つで、新婚旅行のメッカであり、ドラマのロケ地としても頻用されています。最近は、「東洋のハワイ」という触れ込みで、海外からの観光客を積極的に呼び込もうと頑張っています。特に、韓国一の高さを誇る漢拏山《ハンナサン》の南側(現在の西帰浦市《ソンキポ》)では、その温暖な気候と豊かな自然とが特徴とされ、ミカン畑も島の南側に集中しているそうです。漂流してしまった彼らも、おそらく、南側の港町を発して北へ向かったことでしょう。

さて、本章の主人公たる一四七七年漂流の済州島人漂流民は、当初、合計八名でした。丁酉年(一四七七年)の二月一日に済州島を出発しました(以下、『朝鮮成宗実録』十年五月辛未・壬申・六月乙未・乙巳条による)。現在の西暦に直すと、三月中旬頃のことで、冬型の気圧配置から春型のそれへ変わる時期にあたります。

なお、この済州島は別名「三多島」とも言われるように、火山島ゆえ石や水が多く、保水性の乏しいことから、古来、放牧・牧畜がさかんでした(もう一つ「多」いのは女性だそうです)。海洋に浮かぶ島なので、風は強く、夏は台風の通り道でもありますし、冬期の北西季節風もかなり厳しいそうです。したがって、いわゆる通常の農業向きの土地ではありません。モンゴル時代以来の馬の放牧地にして、一四世紀半ばに猖獗を極めた前期倭寇の拠点の一つともみなされる島だというのには、十分な地理的事情がありました。

図 6-2　済州島のみかん(済州観光公社ブログより転載)

そして、ある研究によれば、一二月から三月の間、済州島において毎秒七メートル以上の風の吹く日数の割合は、北側の済州市で約七〇%、南側の西帰浦市で四五%だと言います。すなわち、逆風が支配的な状況下、風量も危うい時節に、柑子の進貢船は済州島を出発しなければならなかったのです。

済州島から放洋後、北上してまず楸子島《チュジャド》（済州島と珍島《チンド》とのほぼ中間）を目指しますが、激しい東風に遭って西に流されます。六日目にして浪は静まり碧い海に至りますが、また翌日から濁った海域にさしかかり、九日目に西風の影響で南に漂流。一四日目にしてようやく小島を見つけますが、岸には辿り着けません。舵は折れ、船も大破してしまいます。この間、同船していた八名のうち、金徳山が一一日目に死亡（病気か飢えでしょうか）、玄世修（世守とも）・李清敏（青密とも）・梁成突・曹貴奉（怪奉とも）の四名が壊船のためおそらく溺死しています。こうして、金非衣（裴とも）・姜茂・李正の三名のみが生きながらえ、遠く南方の某島に到達したのでした（島名についてはのちほど問題にします）。そして繰り返しになりますが、彼らが朝鮮にまで送り返されたおかげで、この苦難の歴史をわれわれも知ることができるのです。

それにしても、正味二週間にわたる彼らの漂流は、直線距離を測るだけでも約一〇〇〇キロメートルに及びます。ろくに飲食もできず、見知らぬ海域に流されたその恐怖たるや、とても想像できません。しかも、漂着した先は、なんと琉球列島最西端の某島（『実録』の表記は「允伊是麼（閏伊是麼）」＝ユニシマ）です。風土も気候もまったく異なる地に立った彼らの不安は、筆舌に尽くしがたいものがあったでしょう。

彼らが漂着した先の人々にとっても、漂流民にどう対するかの戸惑いはあったはずです。その証拠に、金非衣ら漂流民は、まず海辺に結んだ庵に仮り住まいさせられました。危険な人間でないか否か、様子を見るためでしょう。ただし、島人たちは、金非衣らに、米や粥、蒜《にんにく》などの食糧をただちに提供しています。基本的に、手厚い保護を与えたと言ってよいのではないでしょうか。

一週間後、彼らはある集落の中の人家一棟に移されます。その集落の中で、順繰りに食事や寝床を供されたようです。一巡すると、隣の集落へ移され、同じような輪番の寝食供与が繰り返されます。そうこうする中で一カ月ほど経ち、彼ら漂流民が怪しい人間でないということを、島民全員が確認できたのでしょう。あるいは、漂流民たちを島の雰囲気になじませる配慮だったのかもしれません。金非衣・姜茂・李正は各集落に分置され、一日に三度の食事と酒まで振る舞われることとなりました。三人が一つの集落に集められなかったのは、彼らが息を合わせて何か悪さをすると警戒していたからではなく、おそらく、寝食を供与する負担を島内で均分するためであったと考えられます。貴重な酒をも与えられたことから見ても、島人たちはとても温かく漂流民に接していたと、私には思えてなりません。こうした同島での生活は、半年ほど続きました。

二　一四七七年済州島人漂流民金非衣らの送還ルート

金非衣たち漂流民三名は、その後、漂着した某島から東へ、あるいは北へ、順次、島伝いに送還されていくわけですが、どの島を通ってどの島を通らなかったのか、またどんな見聞や体験をしたのか、といった問題が浮上してきます。情報源である『朝鮮王朝実録』には、次のような送還ルートが示されています。皆さん、それぞれ先島諸島(宮古・八重山地方)の何島か、すぐ分かります

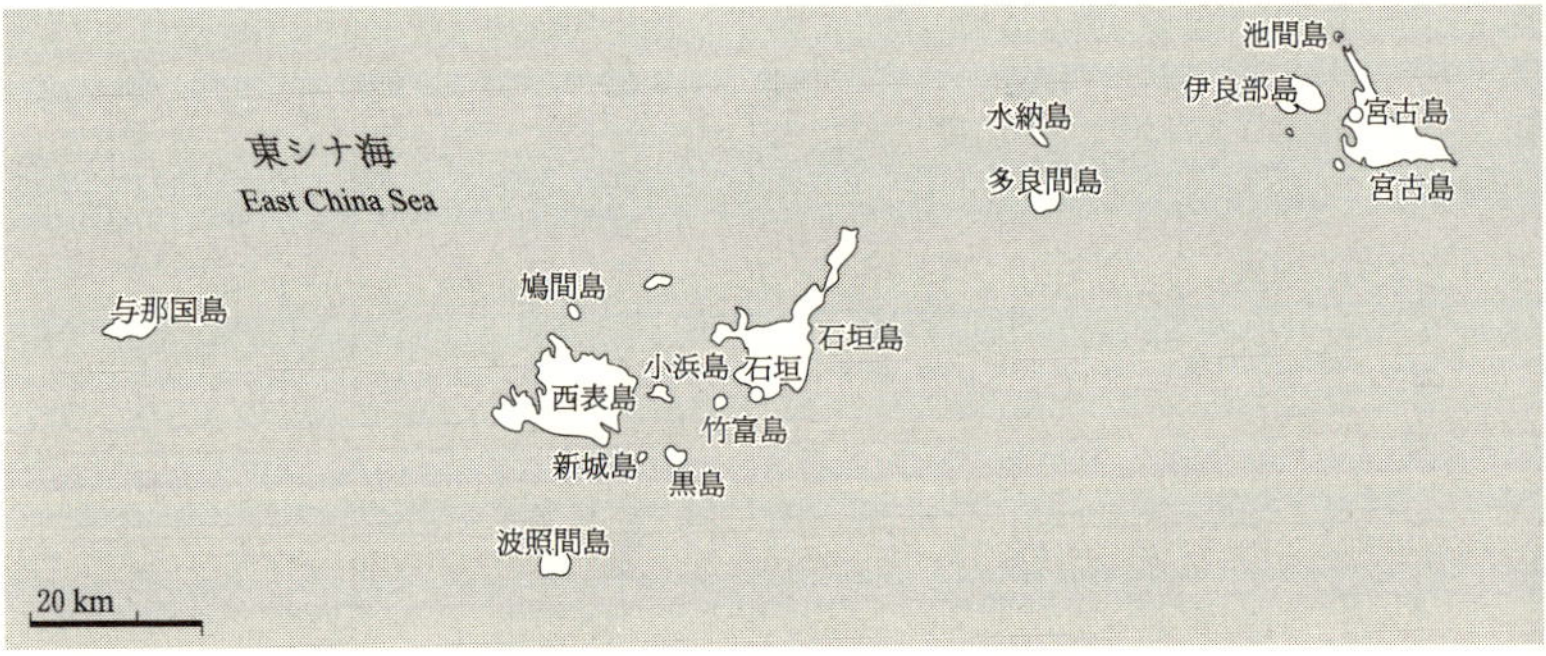

図 6-3　先島諸島（八重山・宮古諸島）

か？（※印をつけた補足説明が若干ヒントになりますので、図6-3の地図と対照させて考えてみてください）

❶允伊是麼（閏伊是麼）〔윤이시마：ユニシマ〕＝【　　島】　※漂着地、周回二日ほど。半年間滞在。

▼（七月晦日発、一昼夜半かかって移送）

❷所乃是麼〔소내시마：ソネ(イ)シマ〕＝【　　島】

※周回四～五日ほど。山有り、材木豊富。五カ月間滞在。

▼（一昼夜かかって移送）

❸捕月老麻伊是麼（悖突麻是麼）〔포달마이시마：ポタルマイシマ（패돌마시마：ペトルマシマ）〕＝【　　島】　※平坦で山がない。よって材木がない。一カ月間滞在。

▼（一昼夜かかって移送）

❹捕刺伊是麼〔포랄이시마：ポラリシマ〕＝【　　島】

※周回二日ほど、平坦、山無し。一カ月滞在。

▼（一昼夜かかって移送）

❺欻伊是麼〔훌[굴]이시마：フ[ク]ルイシマ〕=【　島】※周回一日ほど、平坦、山無し。一カ月滞在。

▼（一昼夜半かかって移送）

❻他羅馬是麼〔타나[라]마시마：タナ[ラ]マシマ〕=【　島】※周回一日ほど。平坦、山無し。一カ月滞在。

▼（一昼夜かかって移送）

❼伊羅夫是麼〔이나[라]부시마：イナ[ラ]フシマ〕=【　島】※周回二日ほど。一カ月滞在。

▼（一日かかって移送）

❽覓高是麼〔멱고시마：ミョクゴシマ〕=【　島】※周回五〜六日ほど。平坦、山無し。一カ月滞在。

▼（二昼夜半かかって移送）

❾琉球国＝沖縄本島　※漂流民等は那覇の浮島から入って、施設に投宿。

実は、本章とほぼ同様の内容を、石垣島の沖縄県立八重山高等学校での〝出前授業〟で話したことがあります（二〇一三年一〇月二四日、第三回琉球大学法文学部歴史教育公開研究会）。彼ら彼女らは、いとも簡単に、それぞれの島の名前を言い当ててくれました。八重山高校には周辺の離島から、あるいは近くの寄宿舎から通う子も少なくなく、また当然のことながら地域の歴史・地理を学ぶ中で、島の名前が自然と頭に入っているのでしょう。餅は餅屋。大和人《ヤマトンチュ》としては深く感心させられた次第です。

さて、それぞれの島名についての解答を示すと、以下のようになります（旧地名や現地読みは平凡社『日本歴史地名大系』沖縄県による。前掲図６－３も適宜参照）。

図 6-4　波照間島（海上保安庁撮影・提供）

❶与那国島。「米《ヨネ》の島」という意味から、一般にユノン、ユノーンと呼ばれる。島民はドゥナンと言う。

❷西表島。島の中心地祖納（古い現地音は、スナイ・スネ・ソナイ等）から。祖納はどちらかと言えば島の北部に位置する。

❸波照間島。方音パチラー、石垣島方言ではパティローまたはパティローマ。同島の様子は、図６－４参照。

❹パナリ島＝新城島。粘土にかたつむりをまぜて成形して地焼きする、パナリ焼（図６－５参照）で有名な島。

❺黒島。石垣方言ではフシィマという。サフ島と呼ばれることもあり、サフ島が転じてフ島になったという説もある。一般に、「ク」音と「フ」音とは通じやすい。

❻多良間島。韓国朝鮮語でもそうだが、一般に「ナ」音と「ラ」音とは通じやすい。

❼伊良部島。

❽宮古島。方音ではミャークズマ。沖縄本島から約二九〇キロ離れている。古くから開けていた平良港に入ったものか(図6-6参照)。

図6-5　パナリ焼(那覇市立壺屋焼物博物館蔵。同館撮影・提供)

図6-6　宮古島平良港近くのパイナガマビーチより伊良部島を望む(武井弘一氏撮影・提供)

それぞれの島で漂流民たちが物珍しく見聞を重ねた結果は、朝鮮到着後の聞き取り調査の記録に詳細に残されています。それについてはすぐ後で瞥見することにしますが、まずここで考えておきたいのは、まさしくこの送還ルートのあり方です。皆さんもすぐお気づきになるように、この八重山諸島での拠点的存在ともいうべき石垣島に立ち寄っていないという点、実に不思議だと思いませんか。

もちろん、八重山方面に観光旅行などで向かう際、石垣島を拠点にして動くというのは近代的発想と思われるかもしれません(余談ながら、新石垣空港ができて、本土各地からの直行便も増えました)。実際、この送還記事を根拠に、当時の八重山の中心は西表島の方だったという意見もあるくらいです。そして確かに、いわゆるオヤケ・アカハチ事件――中山王府が宮古島の勢力とともに、反貢納運動を起こした石垣島を「平定」した戦争――に象徴的なように、当時の八重山は独立的な豪族が盤踞して不統一だった時代です。

しかしながら、それならばなぜ、金非衣ら漂流民送還事件の二十余年後の西暦一五〇〇年、琉球王国(中山王府)軍が石垣島を併合せねばならなかったのか、そしてそのまま西表島や与那国島が琉球王国の版図に組み込まれたのかが、説明しがたいように思います。やはり、石垣島は、それなりに強固なプレゼンスをこの地域に誇っていたと見るのが自然でしょう。

この難問を解くことは私にはできませんが、この点について、先学たちもいろいろな意見を提示しています。その中で、代表的な二つの仮説を紹介しておきましょう。

第一は、沖縄を代表する歴史家・民俗学者、伊波普猷（一八七六〜一九四七年）のマラリア蔓延説です。彼はこのように言っています。――「石垣島は多分当時はマラリヤが後世よりももつと猛烈で、住み心地のいゝ所で無かつたのだろう。……（医学博士宮原竹熊氏の談によると―橋本註）所もあらうに、石垣島の西南の一角の砂地に、四ケ《しか》（石垣町）の如き都会が出来たのを不思議に思ふ人があるかも知らぬが、……あの島の大部分がマラリヤの猛烈な有病地であるに対して、この一帯（四ケ周辺）が健康地であるのは、砂地であつて水溜が無いので、アナフエレスの生存に都合が悪い為である。……この島は恐らく八重山諸島の中でも、遅く開けた所であろう、云々」と（伊波「朝鮮人の漂流記に現れた十五世紀末の南島」七一―七二頁）。

ここに言う「アナフエレス」とは、ハエ目カ科アノフェレス属の昆虫の総称です。一般的にハマダラカと呼ばれ、マラリアを媒介します。石垣島の北部（野底《のそこ》村など）では、『球陽』という史書の中に「風気」が登場し、遅くとも近世段階でマラリア禍が存在したことが知られます。そして、特にアジア太平洋戦争中、日本軍によって住民〝保護〟の名目のもと北部の白水《しらみず》地区に追いやられ、約二五〇〇名の死者が出た「戦争マラリア」は著名でしょう（これについては、NHK「沖縄の戦跡と証言――白水の戦争遺跡群（石垣市）」がWeb上で簡単に視聴でき、参考になります。http://www.nhk.or.jp/okinawa/senseki/map/detail33.html）。伊波説は、それを遡及させた理解だということになります。確かに、漂流民たちが、石垣島のむしろ南側へ向かい、波照間・新城へ渡ったことは、このことを傍証しているかのように思われます。

第二の見解は、昨今提起された、得能壽美氏の説です。やや乱暴にまとめると、漂流民送還ルートに石垣島が乗らなかったのは、与那国・宮古ネットワークから外れていた(外されていた)から、ということになりましょうか。氏によれば、「一四七七年(成化十三)に朝鮮済州島の金非衣らが与那国島に漂着し、護送された八重山・宮古・沖縄での見聞記……では与那国島は「俗無酋長」とされ、漂流者が送還されたルートにあたる八重山や宮古などの島々でも、「酋長」の存在が特記されない。これは不思議なことで、……この時期すでに「酋長」的存在が八重山や宮古にいたといわれ、……一五〇〇年(弘治十三)にはアカハチ事件が勃発しているのである。……漂流記にみえる西表島を中心としたネットワークと、みえない石垣島を中心としたそれが存在したとみてもよい。……アカハチ事件直前の先島の様相は、八重山でいう西表島ネットワークが、実際には政治的支配者の存在もにらみながら西表島・宮古ネットワークという広がりをみせており、宮古には琉球(中山政権)とのネットワークが鉄器を介在させて存在する」、と言います(得能「中山政権と宮古・八重山」二五一―二五四頁)。

そして、この島嶼間ネットワークは、主に稲と木材とを流通させる働きを持ちます。ご存じの方もいると思いますが、南西諸島は、地理学上、赤土の山地を有する「高島《こうとう》」と、琉球石灰岩を主体とした台地・段丘からなる「低島《ていとう》」とに分けられます。八重山地方で言えば、高島は石垣島・西表島・与那国島・小浜島・尖閣諸島、低島は竹富島・鳩間島・黒島・新城島・波照間島などです。前者にはハブ(猛毒を持つ蛇)がいますが、後者にはいない、と言えば分かりやすいでしょうか。そして八重山地方では、高島のように山や木があり水の豊かな島を、農耕の中心が水田稲作であったためタングン(田の国)島と呼び、低島は畑地が中心であったのでヌングン(野の国)島と呼んできました(平凡社『歴史地名大系　沖縄県―八重山諸島』より)。とりわけ近世には、ヌングン島からタングン島へ、積極的に出作していたそうです。ようするに、現代人の発想によるカテゴリーではなく、その歴史・風土に根ざした分類が、すでに古くから存在していたわけなのです。

当然のことながら、こうした流通ネットワークの存在は、高島と低島との間の格差を助長します。そしてこれは、容易に富や財の優劣に転化し、さらには政治的な力関係へスライドしたに違いありません。そうした意味で、決定打とはみなせないものの、得能説はやはり説得的だと言えます。

これに関連して、右の送還リレーにおける各島嶼での滞在期間の斉一性も気になるところです。与那国・西表では半年ずつ、残りの八重山・宮古の各島ではそれぞれ一カ月もの間、漂流民らは保護を受けつつ滞在させられています。とりわけ食糧の乏しかった低島――波照間・新城・黒島など――にとって、実際にはこれは相当な負担であったはずです。島嶼間の意思疎通や連絡を考えても、せいぜい一、二週間もあれば十分だったでしょう。これまた謎というほかありませんが、むしろこれも、漂流民送還に関する慣習が緩やかな合意として共有されていた可能性を示すと考えたらどうでしょうか。つまり、政治経済的・道義的関係が、仲間関係にある島嶼間ネットワークに存在した、という想定です。これは、完全に推測の域を出ないわけですが、上述の得能説と親和性が高いように思います。

――このように、歴史学では、原因や理由を特定できない事柄がたくさんあります。いくつもの可能性がある場合もあれば、原因の軽重を推し量れない場合もあるのです。邪馬台国論争など、議論百出するのも、まさにそこに〝原因〟があるからと言っていいでしょう。ただ、「なあんだ、だから歴史学は何でもありのトンデモ学問だ」、などと思わないでください。経験主義的・臨床的な医学だって、ある病気の原因を容易には特定できませんよね。それと同じように、歴史学には至るところにミッシングリンクがあり、原因の特定のために論拠を精査し、学界で日々議論が繰り返されているのです。歴史学とは、このように最良の仮説《アブダクション》を追究する学問です。

ともあれ、皆さんにも、なぜ漂流民送還ルートに石垣島が乗らなかったのか、はたまたなぜ半年ないし一カ月も漂流民たちが各島に据え置かれたのか、ぜひ一考してみてほしいと思います。

三　漂流民の見た琉球社会

次に、金非衣ら済州島人漂流民が見た南島社会の様子について、ごくかいつまんで見ておくことにしましょう。もっとも、こうした読解作業は、すでに戦前から琉球史や民俗学の分野で丁寧に行なわれており、学術的には何ら目新しいものではありません。先に言及した「高島」と「低島」との区別についても、地理学者はむしろ彼らの記録を材料に論じてきたのです。ようするに、金非衣

民の見聞比較（主な項目に限る）

❺黒島	❻多良間島	❼伊良部島	❽宮古島
周回1日程／平坦で山がない	周回1日程／平坦で山がない	周回2日程	周回5〜6日程／平坦で山がない
稲がない／黍・粟・麰麦はある	稲がない／黍・粟・麰麦はある	稲あるも麰麦の10分の1のみ／黍・粟・麰麦あり	稲・黍・粟・麰麦あり
同左	同左	酒を醸すに麹を用いる	同左
同左	同左	同左	同左

たちの見聞談は、人文学の世界ではかなり有名な、周知の史料だという点をあらかじめご了解ください。したがって、関連記事の概要は伊波普猷の論説などで知りうるのですが、本章では、せっかくの機会ですので、私なりの考察（邪推？）を適宜加えてみたいと思います。

1　先島地域（八重山・宮古諸島）

最初の漂着地であり、半年間滞在したところであるためか、与那国島での見聞談が最も詳しく残されています。そして、ここが基準となって、他の島々の文化・社会の異同が論じられています（表6-2参照）。どんな特徴が与那国では見られたのか、以下にざっと掲げてみることと致しましょう（＊印以下は私のコメントです）。

a．容貌は朝鮮人と同じ。　＊冷血鬼でも化け物でもなく、温かく保護してくれた「人

表6-2　八重山・宮古諸島に関する漂流

	❶与那国島	❷西表島	❸波照間島	❹新城島
㋐島の景観	周回2～3日／山がある	周回4～5日／狭くて長い／山がある	西表島よりも小さい／平坦で山がない	周回2日程／平坦で山がない
㋑穀物(主食)	米多し／粟は好まれない	稲多し／粟は稲の3分の1程度	稲がなく西表島から購入／黍・粟・牟麦(おおむぎ)はある	稲がない／黍・粟・麰麦はある
㋒酒肴	濁酒(ミキ＝口噛み酒)はあるが清酒はない／応酬の例なし／干し魚か鮮魚の膾	同左	同左	同左
㋓肉食	牛・鶏は食べない	牛は食べるが鶏は食べない	同左	同左

間」として認識したのでしょうね。

b. 男女ともに耳に穴を開けて、二、三寸の長さに連ねた青い小珠を垂らし、首にも珠を連ねたものを三、四重にして一尺ほど垂らしている。

c. 靴はなく、みな裸足。日除けにクバの葉で作った笠をかぶる。

d. 男の髪は苧麻《ちょま》を綯《な》った縄で束ね、首のうしろに髷を作る。長い顎髭はへそに達するが、まとめて束ねて髷の周りを数周めぐらすこともある。女の髪は立てば踵に届くほど長く、短いものでも膝に達する。頭上で巻き上げ、木の櫛を鬢に挿す。

e. 釜・鼎・匙・箸・盤・磁器・瓦器の類がなく、土を練って鼎を作り、これを日干しした後、藁火で燻すが、五、六日も飯を炊くとひとりでに壊れてしまう。　＊これはいわゆるパナリ焼で、後に漂流民たちが立ち寄る新城島（『実録』にはパナリ島として登場する）でさかんに生産されていました。かたつむりを雑ぜて固めた粘土を露天で素焼きした、素朴な味わいのある土器です（前掲図6-4参照）。

f. 食物にはもっぱら米を用いる。粟はあるが、あまり好まない。

g. 飯は竹笥に盛り、握って拳大の丸い形にして食べる。食事の都度、一人の婦人が司会して、人ごとに一丸ずつを食べる。

h. 酒（清酒）や醤油がない。海水を菜に和えて羹をつくる。羹を入れる器は瓠子《ひさご》を用いる。

i. 酒は濁り酒で、清酒がない。米を水に漬けて置いて、女に嚼ませ、これを木桶にて醸してつくる。三、四日で出来上がる。麹は用いない。だからいくら飲んでもちょっとしか酔わない。酌むには瓠子を用いる。ちびりちびり適宜やって、献酬の礼がない。　＊いわゆるオムシャク、ミキのことであり、今でも沖縄県下の祭礼などを見に行くと目にすることができます（ご馳走になれることもしばしば）。からきし下戸の私でも飲める程度の発酵飲料です。なお、沖縄本島に渡る直前の伊良部島・宮古島において、初めて酒麹を用いた酒造法が登場します。つまり、宮古では蒸留酒が存在していた。逆に言えば、この頃、八重山諸島ではまだ蒸留酒が存在していなかったことになります。そして、現在も有名な、宮古島の酒宴での痛飲風習、「オトーリ」――酒席の「親」が口上を述べて酒盃を回し、一周したら次の「親」が選ばれてこれを繰り返す――については何ら描かれていません（「オトーリ」は「御通り」のことで、「貴い身分の人に召し出されて、手ずからの杯をいただくこと。また、その杯。おながれ」(『日本国語大辞典』第二版)が淵源でしょう)。これは『詩経』の時代の中国から、九州南部を含めた現代日本のあちこちでも見かける献酬の礼——目上の人が自分の杯で目下の人間にお酒を勧めること——とは異なるものでしたが、ともかくも島人たちが、漂流民たちにそこまで酒を強いなかったことだけは推察できます。それが単なる配慮に基づくものか、逆に酒を惜しんだのか、酩酊して暴れ出すのを警戒したのか、はたまたその頃にはまだこの風習が確立していなかったのか、定かではありません。

j．肴には乾した魚を用いる。あるいは鮮魚を切って膾《なます》を作り、それに蒜菜《ひるな》〔ノビルのこと〕を雑ぜて食べることもある。

k．温暖なので着物は単衣二枚、夏は一枚である。布は、麻・木綿・絹はなく苧麻のみ。男女とも、表着は藍で青に染めている。

l．部屋はぶっとおしで、家の奥には戸や窓がない。瓦はなく、茅で屋根を葺く。便所はなく、外で用を足す。家の外には垣根がない。収穫した稲束を収める高倉がある。＊瓦があるかどうかは文明や権力の度合いを示す指標らしく、漂流民たちはかなり気にしています。もっとも、聞き取りを行なった朝鮮人官僚の側の関心に沿った供述かもしれませんが(ここにオーラル・ヒストリーの難しさがある)。

m．家には鼠がいる。牛・鶏・猫が飼ってある。牛・鶏の肉は食べない。死ぬとすぐ埋めてしまう。「その肉は食べられるから捨ててはいけない」と〔漂流民金非衣等が〕言ったら、与那国島の人は唾を吐いて冷笑した。　＊鼠が住居にいるかどうか、牛や鶏を食べるかどうかにも関心が高いようです。鼠がいるというのも富の象徴なのでしょう。

n・人が死ぬと、棺中に座置して、崖などに放棄し、土中に埋めるようなことはしない。崖下が広い場合には、五、六箇の棺を並べて置く。　＊自然の崖を利用した古墓の実例のひとつ、沖縄北部・今帰仁《なきじん》村の運天港付近の百按司墓《ムムジャナバカ》を十年ほど前に訪れたことがあります。今でも多数の厨子《ずし》甕《がめ》や白骨が転がっており、ちょっと恐い雰囲気のところでした（各種ブログやホームページに写真が載せられていますので興味ある方は……）。案内してくださった、ある沖縄人《ウチナンチュ》の方は、霊感が強いせいか、頭が痛い、気分が悪くなったと言って現場から急いで離れていきました。

右には明確に立項しませんでしたが、漂流民たちの八重山・宮古での観察記録を見渡すと、山や木材の有無など、自然や植生に関する記述が特に目立つような気がします。これはひとつには、きわめて異質な、亜熱帯の地域での家造りや蔵造りの方法に興味が湧いたためかもしれませんが、彼ら漂流民の立場に立ってみれば、船を作れるかどうかが最大の関心事だったためではないでしょうか。最初の漂流地与那国島においては、「舟には舵や櫂はあるが、艪は無い。ただ順風に帆を懸けるだけだ」とあり、おそらく彼らが島伝いに送還される際にも、準構造船などではなく素朴な刳《く》り船などにより運搬されたことが推察されます。もっとも、その後、船に関する記述がほとんど見られないことからすると、どの島においても船の形態や航海技術は大同小異であったのでしょう。

では、彼らを護送・送還するために用いられた船は具体的にどのようなものだったのでしょうか？　漂流民三名に加えて、同乗した島人が一三名もいたとなると、飲食物・衣料その他の荷物も含め、かなり大きな船でないと乗り切れなかったでしょう。あるいは、伊波普猷の資料に残された「平安座船《ヘンザブニ》」のように、刳り船を平行に並べてつなぎ、緩衝材として竹(山原竹《ヤンバル》)の束を挟んだようなものだったかもしれません(似たようなものは沖縄各地にあり、沖永良部島では「組船《クミウバ》」(図6-7参照)と呼ばれていたそうです)。伊波が乗った平安座船には、子牛一二頭・豚二〇頭積まれていたと言いますから、相当な運搬量を誇ったと考えられます。

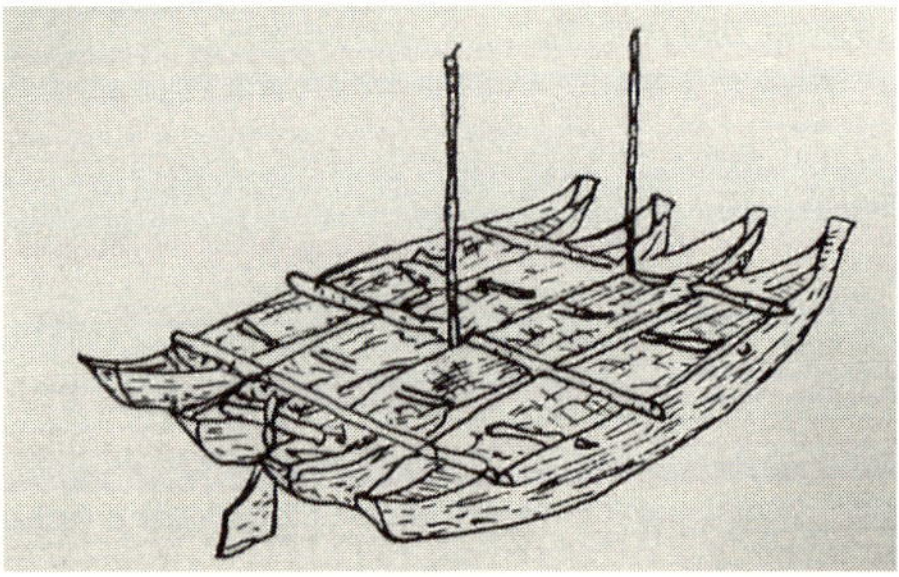

図6-7　奄美大島の郷土研究者，茂野幽考による組船のスケッチ(1929年・沖永良部島。『船大工・越來治喜と宇保賢章の世界』展図録より転載)

もちろん、大ぶりの木材が島で採れるからといって、船を造るのは容易なことではありませんし、またそれ以上に地理的位置も不明なまま外海に漕ぎ出すわけにはいかなかったはずです。しかしながら、地理的位置が確認でき、木材の使用や加工が許されれば、彼らは勇んで出航したかもしれない……。彼らの心情を推し量れば、そうした推測も許されるのではないでしょうか。

2　沖縄本島・中山王府

宮古島から一路、沖縄本島へ、金非衣ら漂流民たちを乗せた送還船は向かいます。彼ら漂流民は、那覇や首里など、琉球国中山王府の様子をかなり詳しく報告しています。その主なものを見てみましょう。

o. たまたま城外で将来の国王となるはずの十余歳の少年〔後の尚真〕とその母〔オギヤカ〕の出遊〔行幸〕に遭遇して酒を賜る。オギヤカの漆輦《しつれん》〔漆塗りの輦（肩にかつぐタイプの輿）〕を担ぐものは約二〇人、みな白苧衣を着、帛《はく》をもって頭を裹《つつ》んでいた。約一〇〇人の軍士（儀仗）が長剣を持ち、弓矢を帯びてその輦の前後を守っていた。双角《サンカク》〔二連の角笛ヵ〕・双太平嘯《サンテピョンソ》〔二連のチャルメラヵ、図6-8参照〕を吹いて火砲も放った。

p. 前国王〔尚宣威〕が薨じて嗣君〔尚真〕が幼いために、母〔オギヤカ〕が摂政している。

q. 海岸より十余里〔朝鮮里は日本里の十分の一〕にして王宮に至る。甚だ高き、国王の居所である〔首里城のこと〕。人家は瓦を葺くものもあるが、板屋もまた甚だ多い。寺刹もあるが、それは板葺きである。

r. 酒には清と濁とがある。鑞瓶に盛って銀鍾〔ツリガネソウの花に似た銀製の御盃、図6-9参照〕で酒を酌む。味はわが国〔朝鮮〕のものと同じ。また南蛮酒もある。色は黄みがかっていて焼酎のように猛烈であり、数鍾（数盃）を飲むだけで大いに酔っぱらってしまう。

s．江南人や南蛮国人が来て商販しており、往来も絶えない。われわれも南蛮人を見たが、髻《もとどり》を頭に載せて、その肌色は黒く、常人と異なる。衣服は琉球国と同じだが、頭を帛で裹むことはない。

t．家には鼠がいる。馬・牛・羊・猫・猪・狗《いぬ》・鶏・鵞《がちょう》・鴨などを養う。馬・牛を屠って食す、

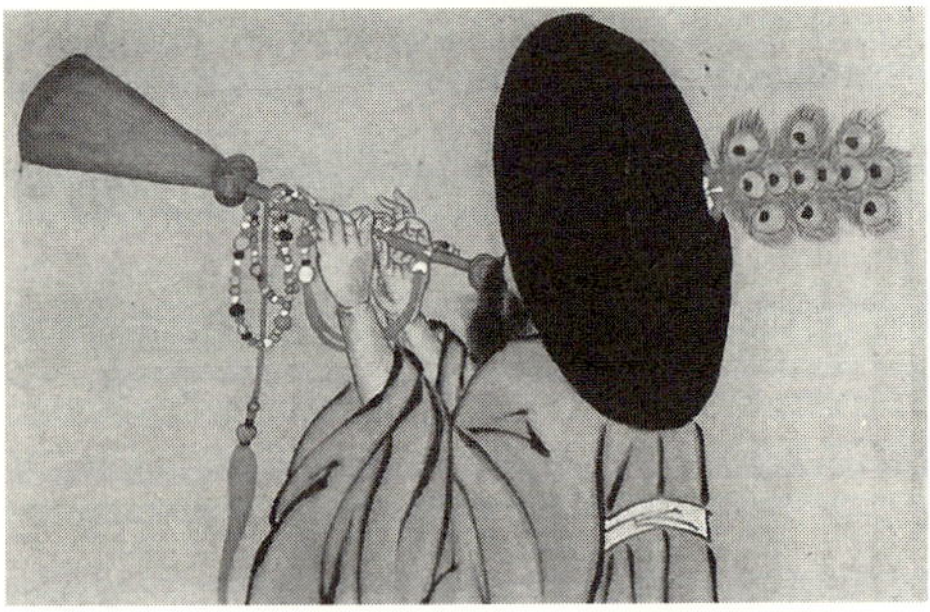

図6-8　朝鮮の太平嘯（簫）（『文化度朝鮮通信使人物図巻』申基秀コレクション，大阪歴史博物館蔵。『朝鮮通信使と民画屏風』展図録より転載）

図6-9　琉球王室で使われた銀脚盃（美御前御揃《ヌーメーウスリー》，琉球王尚家伝来品，那覇市歴史博物館蔵。『うるま ちゅら島 琉球』展図録より転載）

あるいは市に売る。また鶏も食う。

最初のoは、琉球王国の最盛期を現出したとしてよく知られる尚真王の少年時代を伝える貴重な記録です。pにより、その母オギヤカが摂政していたことがはっきり分かります。実はこれは、オギヤカによる王権簒奪のクーデタがあり、前王尚宣威が廃され、思産子《うみなしぐわ》(実子・愛息)の尚真が担ぎ出されたことの反映でした。なおこの行幸に遭遇したとき、「王母」(オギヤカ)は、珍しいか不憫かと思ったのでしょう、済州島民漂流人たちに賜酒しています。錫の瓶ふたつに酒を盛り、そこから漆塗りの盃に注がせたとありますので、相当な厚遇と見てよいでしょう。

またrによれば、近世の泊御殿《とまりうどぅん》にあたるような収容施設に宿泊させられていた漂流民たちは、沖縄にある各種多様な酒を楽しんでいた様子がうかがえます。「南蛮」(東南アジア)からの商人たち(s参照)がもたらしたであろう「南蛮酒」は、泡盛研究家の萩尾俊章氏の示唆するように、強烈な泡盛の古酒《クース》であったかもしれません。

そして、qでは瓦葺きの建造物のあること(お寺の板葺きが多いというのは、円覚寺など王族の菩提寺以外にも中下級クラスの寺院がそれなりに建てられていたということなのでしょう)、tでは牛馬や猪、鶏を食べることを特記しています(西表から宮古島まで、牛は食べないが鶏は食べるということが記述されていました。前掲表6-2参照)。おそらくそれは、朝鮮の民衆にとって瓦葺きは希有なもの、食肉も年末年始などに限られる高嶺の花であったためでしょう。逆に言えば、これらが琉球王国における文明の高さや富の豊かさを象徴している、と彼らは考えたのではないでしょうか。

四　済州島人漂流民はなぜ送還されたのか？

さて、ここで冒頭でも掲げた所期の問題、「なぜ彼ら漂流民たちは無事に朝鮮王朝まで送り届けられたのか？」に立ち戻ってみたいと思います。

もし、あなたが海辺で漂流民に遭遇したら、手をさしのべずにはいられないでしょう。そうしたごくありふれた感覚が積み重なって、環シナ海域における漂流民相互送還慣習(漂流民送還制度)が形成されたことはまず間違いありません。与那国から宮古までの送還プロセスを見ると、そうした人間の心の温かさを知るに十分だと思います。

しかしながら、食糧や衣料、住居空間に限界があれば、そうした施しが満足にできないかもしれません。飢饉や日照りのときなど、泣く泣く漂流者を見捨てざるを得ないこともあったでしょう。つまり、単に自然発生的にそうした漂流民送還制度が出来上がったとは考えがたい。漂流民送還という営為が最終的に琉球王国という国家によって回収され、そして環シナ海域の漂流民送還制度の一角を占めるに至るには、それ相応の強制力や訴求力が働いていたと考えられます。

そこで注目すべきは、先に触れたような、何らかの形で琉球王国につながるような政治的・経済的ネットワークの存在です(第二節参照)。この〝つながり〟がなければ、先島諸島から沖縄本島まで漂流民を送り届ける〝義務〟など発生しなかったでしょう。最も遠く離れた宮古島から沖縄本島までの直線距離は約三一〇キロ。もちろん目視などまったく利きません。そんな危険を冒してまで、宮古島の人々(一五名)は金非衣らを沖縄本島に届けたのです。

ただし、まったくナイーヴに彼ら宮古人《ミャークピトゥ》の行動を称揚するのもどうかと思います。漂流民送還船には、史料にこそ残っていませんが、少なからぬ交易物資が載せられていたことでしょう。あるいは、漂流民たちを沖縄本島で降ろした後にできたスペースには、沖縄本島の物品が土産物として積み込まれたはずです。

加えて、ある種の付加価値として、漂流民を届けたことへの報償が、王府から賜給されています。彼らはそれぞれ青・紅の綿布を賜り、滞在中の一カ月の間に服に仕立てて「穿着」したそうです。高級な綿織物の貫頭衣を首里那覇のモードで着飾ろうとしたのでしょうか。ほほえましいものがあります。また、毎日のように酒食を賜給されてもいたようです。琉球国中山王府に漂流民を届ければ、こうした見返りを得られることが、宮古・八重山諸島の人々には分かっていたのではないでしょうか。少なくとも、そう期待させるだけの前例が存在したり、周知がなされていた可能性が看て取れます。

彼らの善意を全否定するわけではありません。けれども、彼らにとってもそれなりのメリットがあったからこそ、果敢に漂流民送還を行なったと見るべきでしょう。

それでは、沖縄本島から朝鮮半島までは、いったい誰がどのように送還したのでしょうか? これに関して、金非衣らの送還方法が決定する場面が、次のように描かれています（『朝鮮成宗実録』十年六月乙未条）。

適《たま》たま日本の覇家臺〔博多〕人、新伊四郎〔新四郎〕等の、商販を以て〔那覇に〕来到せる有り。〔新四郎は〕国王〔琉球国王〕に請いて曰く、「我国〔日本〕と朝鮮と好みを通わす。願わくば此の人〔金非衣ら〕を率い、保護して還帰せしめん」と。国王、之れを許し、且《ま》た曰く、「途《みち》に在りて備《つぶ》さに撫恤を加え領回せよ」と。仍お俺等〔金非衣ら〕に銭一万五千文、胡椒一百五十斤、青染布・唐緜布各三匹を賜い、又た三朔の糧米五百六十斤、塩醤・魚醢・莞席・漆木器・食案等の物件を賜う。

これによると、新四郎は琉球国王に漂流人送還の請負を許され、直に道中の撫恤を命じられています。そして、金非衣らは「銭一万五千文、胡椒一百五十斤、……」など、送還経費に相当する旅費や物品（過海粮《かかいりょう》）を国王から与えられました。これは、琉球王府が漂流民送還のために新四郎らを公式な外交使節として雇ったことを暗示しています。

もっとも、当初、琉球国王は日本人が信用ならないので、彼らを江南経由で朝鮮に送還しようと構想していました。『朝鮮成宗実録』には、漂流民金非衣らの証言として、次のような王府とのやりとりが載せられています（典拠は前掲条に同じ）。

俺等、凡そ留まること三朔にして、通事に語り、本国〔朝鮮〕に還るを請う。通事、国王に達せば国王答えて曰く、「日本人が性は悪なり。保つべからず。你《なんじ》〔金非衣ら〕を江南に遣わさんと欲す」と。俺等、此れより前《さき》、通事に問いて、日本近く江南遠きを知る。故に日本国に往《ゆ》くを請えり。

興味深いことに、この「通事」は、漂流民らの証言の別の箇所に、「其の通事、必ず日本人の国〔琉球国〕に在る者をして之れに為らしむ」とあります。つまり、他ならぬ日本人が朝鮮語の通訳を務めていたのです。にもかかわらず、「琉球国王は日本人を信用していない」などと通事が語ったのは、あえて交渉の過程をあからさまに述べることで――いやそもそもこれじたい脚色かもしれませんが――、金非衣らの信用を得ようとしたのかもしれません。また、琉球国王使節に、そもそも信用ならないはずの日本商人が最終的に委嘱された点を重視すると、通事は「日本は江南より近い」と吹き込んだだけでなく、博多商人が有利になるよう、種々周旋していた可能性もあります。例えば、「中国に往ったとしても生きて故郷に帰れる保障はないよ」とか、「また遭難するかもしれないよ」と漂流民たちに囁き、彼ら自身に王府へ日本経由送還を要求させる。あるいは、琉球王府の要路に、賄賂などを遣って半日常的に食い込んでいたことさえ考えられます。

そして、日本人通事の存在を考えると、この頃の沖縄―那覇には、日本人が一定数、来航・滞在していたと見て間違いないでしょう。朝鮮語も話せるというのですから、博多や対馬あたりの人間が最有力候補ですね。つまり、「たまたま商売で来ていた博多人新四郎に送還がゆだねられた」というのですが、それはあくまでも表面的な現象を述べたにすぎず、おそらくは博多ないし対馬出身の通事と博多商人とは日常的に結託しており、朝鮮までの漂流民送還を請け負う話は早くから出来上がっていたと思われます。

その後の彼らの足取りを簡単に辿っておきましょう。博多商人新四郎らは、那覇港を出発して北上し、四昼夜にして「薩摩州」に到着します。そこで漂流人たちは、一カ月ほど新四郎の「旧主人」——商人宿あるいは問のことでしょう——に投宿し、「薩摩州太守」から二度も饋餉《きしょう》(賜宴)されました。この薩摩州太守は島津氏本宗家ではなく、薩州家(島津国久)のことと思われます。まずは、同家の中心的拠点である川内川《せんだいがわ》の高城《たき》(中世国府)に入津したと考えておきますが、近年の研究により、国際貿易都市として著名な坊津《ぼうのつ》を含む川辺郡も薩州家の領有地だったことが判明しており、博多商人新四郎らがその坊津に入津した可能性も捨てきれません。

その「薩摩州」で新四郎が別船を買い、そちらに漂流民たちは乗せられたようです。天草灘から長島あたりの海峡を通って有明海に入って北上し、「打家西浦」(肥後国高瀬《ひごのくにのたかせ》)に入りました(意外に思われるかもしれませんが、内海に面する高瀬津は比較的有名な国際貿易港でした)。そして、そこから陸路で博多を目指していきます。山谷険しい陸路を越えて、一行は博多に入ったと史料には記されています。

図 6-10　志賀海神社(福岡県志賀島)

一方、琉球から乗ってきたもともとの船は、副官人三未三甫羅らが率いて博多に先回りしたと言いますから――ちょっと時間的に無理があるような気もしますが――、島原半島の先、口之津あたりを通って外海に出、平戸や松浦地方を回って博多に入津したのでしょう。琉球国王から預った礼物や貿易品、過海粮は、この船に積み込まれていました。済州島人漂流民の金非衣らは、博多で新四郎らの自邸に寄宿し、時下、少弐氏と抗争中だった大内氏の代官(筑前守護代陶弘護《すえひろもり》カ)とも接触しています。新四郎が、博多地域を押さえつつある大内氏と密接な関係を保持していたことは注目されましょう。そして、兵乱の余波を避けるべく、しばらく博多周辺に留まりました。博多までやってきたのに、すぐに朝鮮へ帰ることはできなかったのです。

しかし、頃合いを見計らって、「琉球国王使」新四郎一行は、博多を出発、志賀島を通って――おそらく志賀海神社(図 6-10 参照)で航海安全の祈りをささげたはずです――、翌日夕刻、「一岐島」(壱岐)へ到着しました。新四郎らは、やはり「主人」家に漂流人を投宿させ、琉球国王から預った食糧で彼らの食事を賄います。このように、琉球国王から下賜された過海粮は順調に消化されていきました。滞在すること三日、おそらく朝の早いうちから、対馬に向かって出帆します。そして夕方遅くには「草那浦《チョナカイ》」（曾浦《そうら》カ）に到着しました。ここでも漂流民たちは「旧主人」の家に投宿しますが、興味深いことに、その「主人」は「四郎〔新四郎〕の叔父」だったのです。もちろん姻戚の可能性もありますが、新四郎の本貫が対馬であった可能性も否定できないでしょう。いずれにせよ、対馬と博多の密接なつながりなしに、こうした事態は考えにくいと思います。漂流民らは、朝鮮に渡航するために必要な文引（渡航証明書）の発給に難色を示す対馬島主の意向や、風待ちなどのために、二カ月ほど滞留を余儀なくされ、その後、佐賀《さか》・豊崎《とよさき》（鰐浦《わにうら》カ）を経て朝鮮の塩浦へ到着しました。その後、金非衣ら三人の漂流民は、朝鮮国王から二年の免役、半年の生活費や過海粮、官服の類を賜与されて、済州島に送り帰らされました。一件落着、めでたし、めでたし。――なお、以上の送還経路をつぶさに本書で示すのは困難なので、Google Map にプロットしておきました。私の職場ホームページのリンクか、次のＵＲＬにアクセスしてご覧いただければ幸いです（「一四七九年、金非衣ら済州島人漂流民の漂着地からの送還ルート」https://maps.google.co.jp/maps/ms?brcurrent=h3,0x34608726ebfe26cb:0x554cab3b4383026d&ie=UTF8&hl=ja&oe=UTF8&msa=0&msid=210277663086124826364.0004e9369b19edecda75a&t=h&z=6&vpsrc=1&dg=feature&mid=1382413302）。最近ようやく、Google 検索でも引っかかるようになりました（「金非衣」「送還ルート」などをキーワードにしてみてください）。

さて、以上を見れば分かる通り、「琉球国王使」となった博多商人新四郎は、薩摩国川辺《かわなべ》郡の島津氏薩州家や博多に進駐していた大内氏勢力（守護代）などの政治権力と関係を持ち、また当然のことなから対馬宗氏とも接点を持っていました。そして、漂流民送還の途中見られたように、各地にはなじみの「旧主人」＝商人宿が点在していました。こうして、博多―九州西南岸―沖縄という海上交通ルートを安全裡に行き交う工夫を彼らが怠らなかった様子もうかがえます。それゆえに、済州島人漂流民たちも無事に帰郷することができたのだと言えましょう。

それでは、なぜ博多商人たちは琉球に通交し、また漂流民の送還をかくも熱心に望んだのでしょうか？　人道的な配慮からなされた申し出だったのでしょうか？　――その要素がゼロだとは言いませんが、おそらく答えは「否」です。当時の博多商人たちの置かれていた状況を考えると、おそらくそんな純朴な動機から出たものではなかったと推察されます。

朝鮮王朝は、一五世紀前半から、中央・地方の財政支出や浦所・上京路の治安悪化を抑えるため、対日貿易に制限をかけ始めていました。前期倭寇を手なづけるために、通交権を倭人に与えて大盤振舞いしてきたツケが、このころ深刻になってきていたのです。そして、こうした貿易制限強化の壁に立ち向かう方策が、漂流民送還、あるいは被虜人(俘虜)送還という〝人道的〟行為なのでした。つまり、貿易の機会も額面も縮減したいと考える朝鮮側に対し、そこに風穴を開けるための口実として、漂流民送還は積極的に利用されたのです。しかも、ありがたいことに、送還にかかる経費は、漂着地の国家――先に見たように本章の事例では琉球王国――が負担してくれました。つまり、金のかからぬ朝鮮行きパスポートを、博多商人は沖縄で獲得することができたのです。環シナ海域の中心的存在たる琉球には、被虜人や漂流民など、事実上の奴隷の立場に貶められた人々が多数存在し、「奴隷市場」の様を呈していたのではないかと推察する研究者も、少なくありません。

五　琉球―朝鮮間を往来する博多商人

博多商人が琉球王府のもとにやってきていた直接的な動機については、以上の説明にほぼ尽きると思います。ただし、博多商人がこの時点で琉球―沖縄本島にいたことは、実はそれほど自明のことではありません。なぜなら、一五世紀の前期に琉球へやってきていた日本人は、史料上、博多でなく対馬の人間だったからです。つまり、なぜ彼ら博多商人たちがこの頃に琉球に来ていたのか、その歴史的背景をきちんと押さえなければ、本章が問題とする朝鮮人漂流民送還の裏事情を完全に理解することは難しいでしょう。

対馬人が先に登場する理由は、おそらく一四世紀後半に跋扈した前期倭寇の余韻ゆえ、と見て間違いありません。けれども、だからといって〝暴力的な対馬人から平和的な博多商人へ〟などと時系列を整理するのは安直にすぎます。少し時間をさかのぼりながら、対馬人から博多商人への移行過程を追いかけてみることにしましょう。

まず、一四一〇年代末から、「倭人」とも呼ばれる「金元珍(源珍とも)」が朝鮮―琉球間を幾度も往来していました。金元珍について近年注目した村井章介氏によれば、元珍は、民族的《エトノス》には朝鮮人なのですが、日本を拠点に活動した節も強く、境界人《マージナルマン》の典型的な事例だと言います(したがって

「倭人＝日本人」ではないことに注意）。朝鮮側史料には、元珍は一四一九年から田平《たびら》（平戸の対岸）の領主 源 省《みなもとのはぶく》の使者として登場し、一四二三年には朝鮮礼曹（儀礼・外交・教育を担当する官庁）に「私は日本に戻って、日向・薩摩・大隅などの地域で俘虜となっている朝鮮人を探しだして連れ帰りたい」と願い出ました。朝鮮はこれを受け入れ、元珍に礼曹判書（外務大臣）名の外交文書を託し、日向・薩摩・大隅三国の領主島津久豊のもとへ使者として派遣します。この文書の中で、元珍は「今肥州太守（源省）遣す所の金元珍、本《もと》是れ本国（朝鮮国）の産なり。その帰を告ぐるに因《よ》りて敢えて布《の》ぶ（使命を奉じさせる）」と紹介されており、彼の本音は分かりませんが、朝鮮に帰化していたことがうかがえます（『朝鮮世宗実録』五年三月乙酉条）。

一四三〇年には、元珍は何と「琉球通事」の肩書で史料に登場します。琉球国長史（琉球王府の長史司の長官）梁回から「朝鮮国王府執礼官」に宛てた外交文書を携えて琉球から帰国したのです。ここから、琉球王国も、「倭人」すなわち境界人たる金元珍を使者に准ずるものとして遇したことが看て取れます。この金元珍、なかなかの遣り手ですね。

それはともかく、本章にとって見逃せないことに、この外交文書では、琉球と朝鮮が相互に漂風者を送還する取決めが次のように提案されています（『朝鮮世宗実録』十二年閏十二月壬戌条）。

茲《ここ》に本国（琉球）の人氏の、小船に乗使して風に遭い貴国（朝鮮）に前到する有り。仍《な》お蒙《うけたまわ》るらくは、「（朝鮮礼曹から朝鮮国王へ）奏聞して衣糧等の物を賜給し、日本国の飛鸞渡《ひらんど》（平戸）の池曬是郎

（次郎四郎）の船を撥在《はつざい》〔用意〕し逓送して回送せしむ」、と。五月初四日、〔琉球国長史梁回から〕琉球国王に啓聞するに、我が王〔琉球国王〕深く怡悦《いえつ》を開く。重ねて承《う》くるに、「厚く命じて遠人を撫せしめよ」と。按ずるに、本国〔琉球国〕には、先王より今に至りて頗《すこぶ》る貴邦〔朝鮮〕の流離人有り。亦《ま》た転送すれば、国に宜しく家に宜しく、皆《み》なに靡《あら》ざるも望み有らん。

最後の部分が難解ですが、おそらく、漂流民相互送還制度により、海民すべてがそう思うとは限らないが、海難事故に遭っても、一縷《いちる》の望みを保ち得れば国家に親しみを覚えるようになるだろう、それは琉球・朝鮮の両国双方にとってメリットになるのではないか、という提案かと思われます。海民というのは一般に自由な存在で、国家から見れば彼らを捕捉して徴税課役するなどは著しく困難です。それだけに、彼らを手なづけ引き寄せておくための一方策として、こうした漂流民相互送還制度は幾分なりとも有用だったのではないでしょうか。

さて、さらに一四三五年にも、金元珍は肥州太守源義《よし》の使者として朝鮮に現われます。そしてこのときの同行者の一人、「琉球国船匠吾夫沙豆〔大里《うふさと》カ〕」が「朝鮮に帰化したいので、いったん金源珍に随って琉球に帰り、妻子に見《まみ》えて来たく存じます」と願い出ました。この請願は許可され、さらに綿紬（白絹の織物）一一匹・席子（藺草や藁などで編んだ敷物）一一張が賜与されています（『朝鮮世宗実録』十七年十月壬戌条）。ただし、彼が朝鮮に戻ってきたという記事は見あたりません。

なお、ここで「琉球国船匠」が登場していますが、実はこの直前に、類似の帰化例がありました。

対馬の「賊首」(海賊棟梁)たる早田六郎次郎が、一四三一年前後、琉球国王尚巴志の使節(夏礼久・宜普結制)の船主となって、琉球—対馬—朝鮮間の連絡を請け負っていました(『歴代宝案』1集四〇巻一〇号咨文、『朝鮮世宗実録』十三年十一月庚午条)。その過程で、一四三三年に六郎次郎は「琉球国船匠」の「三甫羅(三郎ヵ)(毛三甫羅とも)」を連れて朝鮮に渡来し、その船匠の作った「見様」(見本)の小船を進上させたのです。船匠には、米豆五〇石が下賜されました(『朝鮮世宗実録』十五年七月己巳条)。なおかつ、船匠の三甫羅は朝鮮人の妻を娶ったと言いますから(同年閏八月戊辰条)、おそらく朝鮮に定住したものでしょう。

翌年の秋、朝鮮王朝は琉球国の人が春に造った「戦艦」を進水させ、朝鮮製のそれと競漕させていますが、それを造った琉球人こそ、この六郎次郎の連れてきた船匠三甫羅と、遅れてやってきた船匠吾夫沙豆の二人と推察されます。朝鮮側の史料によると、「琉球国人の造る所の船、稍《や》や疾《はや》し」と言われており、国王からは船匠に報償や月俸が与えられることとなりました(『朝鮮世宗実録』十六年三月乙未・九月庚子条)。

ただし、船足の速さという点では、船体に鉄釘・木釘を混用し、上装に鉄釘を用いる軽量型の朝鮮在来船の方が、鉄釘ばかり用いる琉球船に勝っていたため、朝鮮国王は結局、「琉球船は船体のデザインのみ取り入れるべし」と結論しています。おそらく、こうした朝鮮廟堂での琉球船への失望を感じ取った船匠吾夫沙豆は、妻子に会うのを口実に、琉球へ舞い戻ったのではないでしょうか。

一方、朝鮮人の嫁を取った船匠三甫羅は、子供の貴同も朝鮮人私婢を妾に取るなど(『朝鮮端宗実録』元年(一四五三)六月癸巳条)、朝鮮社会にどっぷり浸かっていきました。それぞれの個性や志向性の違いに基づくのか、それとも琉球社会における身分的な格差が影響しているのか、二人の琉球人船匠の人生選択の分岐は実に興味深い点ですが、残念ながらつまびらかにできません。

この後、一五世紀半ばには、博多商人道安およびその一味が琉球—朝鮮ルートに乗り出してきます。例えば、①一四五三年、道安は琉球国王尚金福の使節に任じ(『朝鮮端宗実録』元年四月辛亥・七月己未条)、②一四五五年、琉球国王尚泰久の使節となっています(朝鮮人漂流民を刷還、大蔵経を請求し獲得に成功。『朝鮮世祖実録』元年八月戊辰・九月戊寅条)。③一四五七年には、琉球国王(尚泰久)の「使節」となり、やはり済州人漂流民を送還しています(同三年七月乙亥条)。ただし、これと一連の漂流民の送還が、④翌五八年の琉球国王(尚泰久)「使節」吾羅沙也文によりなされており(同四年二月乙卯・閏二月壬申・五月己亥・甲辰条)、③と④とは連動した使節、悪く言えば水増しされた使節と考えられます。このように、一五世紀半ばになると、対馬人に代わって、博多商人が琉球との交易・通交に頻繁に登場してくるのです。

では、それはなぜなのでしょうか。これについては、もっぱら時期的な一致から、当時の日明勘合貿易との関連性が指摘できます。一四五一年、宝徳度の遣明船九隻が中国に派遣されるのですが、当時の幕府は、一四四一年の嘉吉の変(将軍義教暗殺事件)やら徳政土一揆やらで極度の財政難。そこで幕府は、自前で進貢品や船隻を仕立てるのをあきらめ、派船一隻に一枚必要な日明勘合を大量に売りさばくことで収益を確保しようとしました。その勘合の転売先の一部として、大内氏や大友氏、博多聖福寺などの北部九州勢に白羽の矢が立ったのです。

勘合貿易における中国向け輸出品といっても、日本製の工芸品・調度類を除けば、硫黄島の硫黄や琉球経由で入手する胡椒・蘇木(丹木)などがメインとなります。そうした南海産物資の買い付けのために、博多商人たちは自身で琉球へ渡ったのでしょう。その帰り道、ちゃっかりと「琉球国王使」の肩書きをもらうなんて、彼らもずいぶんしたたかだと思いませんか。

そしてここで、対馬人が琉球に現われなくなった理由は定かではありません。もちろん、史料上見えなくなっただけで、博多の商船に便乗して沖縄に向かっていたかもしれません。しかしながら、これは推測の域を出ませんが、より大きな資本を動かせる博多商人との競争に、対馬勢は敗れたのではないでしょうか。こう考えるのが、最も素直な見方であろうと思います。

さて、宝徳度遣明船が中国に持ち込んだ大量の貿易品は中国にて安く買い叩かれ、一部は返却されてしまいました。加えて、九隻・一二〇〇名に及ぶ大船団で大量の品を持ち込んだことから、帰国する一四五三年、十年一貢・三隻・三〇〇名の渡航制限、私の言う「景泰約条」を申し渡されます。この貿易の失敗によりダブついた商品は、当時から本格化する対馬宗氏の朝鮮への偽使(偽造あるいは偽装の使節)に使われたか、あるいは一四五六年には計画が立ち上がった次期遣明船を見越して――これがずれ込んで画僧雪舟の乗る一四六七年発の応仁度遣明船となる――、そのまま博多あたりにストックされたかもしれません。もちろん、香料・染料・薬種《やくしゅ》の類は、そもそも日本国内での需要も大きいわけですから、売れ残り品を日本各地に転売することなど、造作もないことだったに違いありません。もっとも、私の読みでは、売れ残り品は、先述の通り対朝鮮貿易に投下されることになったと考えます。そうだとすれば、まさしく一四五四年から、大量の偽使通交が始まることと、時期的な辻褄が合うからです。

さて、こうして国王の使命を請け負うほどまでに琉球王府の信頼を獲得した博多商人道安らでしたが、しかし、親密な関係というものは同時に、たやすく両刃の剣へと転化します。

博多商人道安の関係した「琉球国王使」の前掲③・④がそうであったように、必要以上に使節の回数や船数が水増しされたり、これがさらにエスカレートすると使命委任の有無に関わらず――つまり琉球王府に内緒で――「琉球国王使」を騙る場合が出てきます。それを如実に示すのが、一五世紀後半段階にうかがえる不可思議な状況、すなわち「琉球国王名のズレ」という問題です(表6-3参照)。琉球に実在する王の名と、朝鮮側史料に見られる琉球王の名とが、どういうわけかズレています。しかも、表6-3の一点鎖線(-・-・-)で挟んだ一四七一～九四年の間にそれは限られ、しかも使者となっている人間の大半が博多商人か博多・対馬あたりの禅僧なのです。

これにちょっと専門的な説明を付け足しますと、この王名がズレている期間の「琉球国王使」が携えてきた外交文書は「書契《しょけい》」という私文書様式で、その前後の使節が携えた「咨文《しぶん》」という中国式の公文書とは好対照をなしています。すなわち、まがうかたなきホンモノの琉球国王使は「咨文」＝公文書を、かなり怪しい博多商人たちの「琉球国王使」は「書契」＝私文書を、それぞれ持っていったのです。もちろん、私文書の方が容易に作成できるものでした。

表6-3　15世紀後半，朝鮮への「琉球国王使」一覧

年次		実在の王名	『朝鮮王朝実録』に登場する通交名義(王名)と使者名	
1467	世祖13	尚　徳	琉球国王(尚徳)	同照・**東渾(自端?)**
1471	成宗2	尚　円	琉球国王尚徳	自端西堂・**平左衛門尉信重**ら
1477	成宗8	尚宣威	琉球国王尚徳	内原里主・新右衛門尉
1479	成宗10	尚　真	琉球国王尚徳	**新時羅・三未三甫羅・也而羅**ら
1480	成宗11	尚　真	琉球国王尚徳	敬宗・(同照)
1483	成宗14	尚　真	琉球国王尚円	**新四郎・耶次郎**
1491	成宗22	尚　真	琉球国王尚円	**耶次郎・五郎三郎**
1493	成宗24	尚　真	琉球国王尚円	**梵慶・也次郎(耶次郎)**
1494	成宗25	尚　真	琉球国中山府主	天章・**皮古三甫羅**
1500	燕山君6	尚　真	琉球中山王尚真	梁広・梁椿

＊第一尚氏①尚徳王(1469没)，第二尚氏①尚円王(1476没)・③尚真王(在位1477〜1526)。
＊ゴチック太字の人名は博多あるいは対馬の商人・禅僧であることを示す。

すでに、賢明な読者の皆さんは想像がついておられるでしょう。そうです、この一四七一〜九四年の「琉球国王使」は、博多商人によるニセモノの使節——少なくとも国書すり替え型ないし使者なりすまし型の偽使——だったのです。

それではなぜ、朝鮮王朝はそんな怪しげな博多商人の「琉球国王使」を連綿と受け入れ続けてきたのか?　——この答えは実は非常に簡単です。一四七一年、博多の禅僧自端西堂と商人平左衛門尉(佐藤とも)信重とが朝鮮側に、〝今後、「書契」(私文書)に半印二つを捺すことにするので、それを真偽判定の基準にしてほしい〟と提案し、朝鮮政府があっさりとそれを受け入れてしまったからなのです。当時、日本(の対馬)から、畠山殿だの細川殿といった室町幕府の有力者を名乗る怪しげな使節——実際にほぼすべて真っ黒な偽使だった——が多数、朝鮮に渡航していたため、朝鮮側としてはホンモノの使節を確

保したいと焦っていたのでしょう。しかしその焦りが裏目に出てしまったわけです。

そして、興味深いことに、この外交文書「書契」に二つの半印を捺す、という仕組みのモデルが何かというと、当時、博多商人や大内氏が室町殿＝足利義政に届けずに手元に抑留していた、日明勘合(成化年号の勘合)なのでした。日本から中国へ渡るときに携行を義務づけられていた日明勘合(「本字勘合」)には、「本字幾號」という墨書と「礼部之印」という朱印が割書・割印(契印)されていました(中国から日本へは「日字幾號」と使うため「日字勘合」と呼び慣わしています)。そしてその割書・割印は、入港地寧波の市舶司と、朝貢地北京の礼部との二箇所で査照《チェック》するため、二つ存在していました(図6-11参照。ただしこれは成化ではなく宣徳の勘合を想定した復元案)。おそらく、これを見て、博多商人なりに考え、くだんの書契―半印(割印)システムを編み出したのだと思われます。

もっとも、一四五三年、朝鮮王朝は、大内氏に対して朝鮮通交時の査照のため、「通信符」と刻銘された印鑑の半分(ようするに半印)を賜給していました(図6-12参照)。それをヒントにしていた可能性を指摘する向きもあるかもしれませんが、書契に半印を二顆捺す、という形状から考えて、やはり日明勘合モデル説の方に分があるように思われます。

ともあれ、以上のようなさまざまな手練手管を弄し、博多商人たちは「琉球国王使」のニセモノ――真っ黒とは限らず、国書すりかえ・使節なりすましなどの灰色のものも含む――を恒常的・安定的に朝鮮に通交させる工夫を重ねてきました。ただしその際、偽使の有する胡散臭さを払拭するためにも、是非とも必要なのが、琉球使節らしさ、です。そのために最も雄弁な手土産こそ、朝鮮

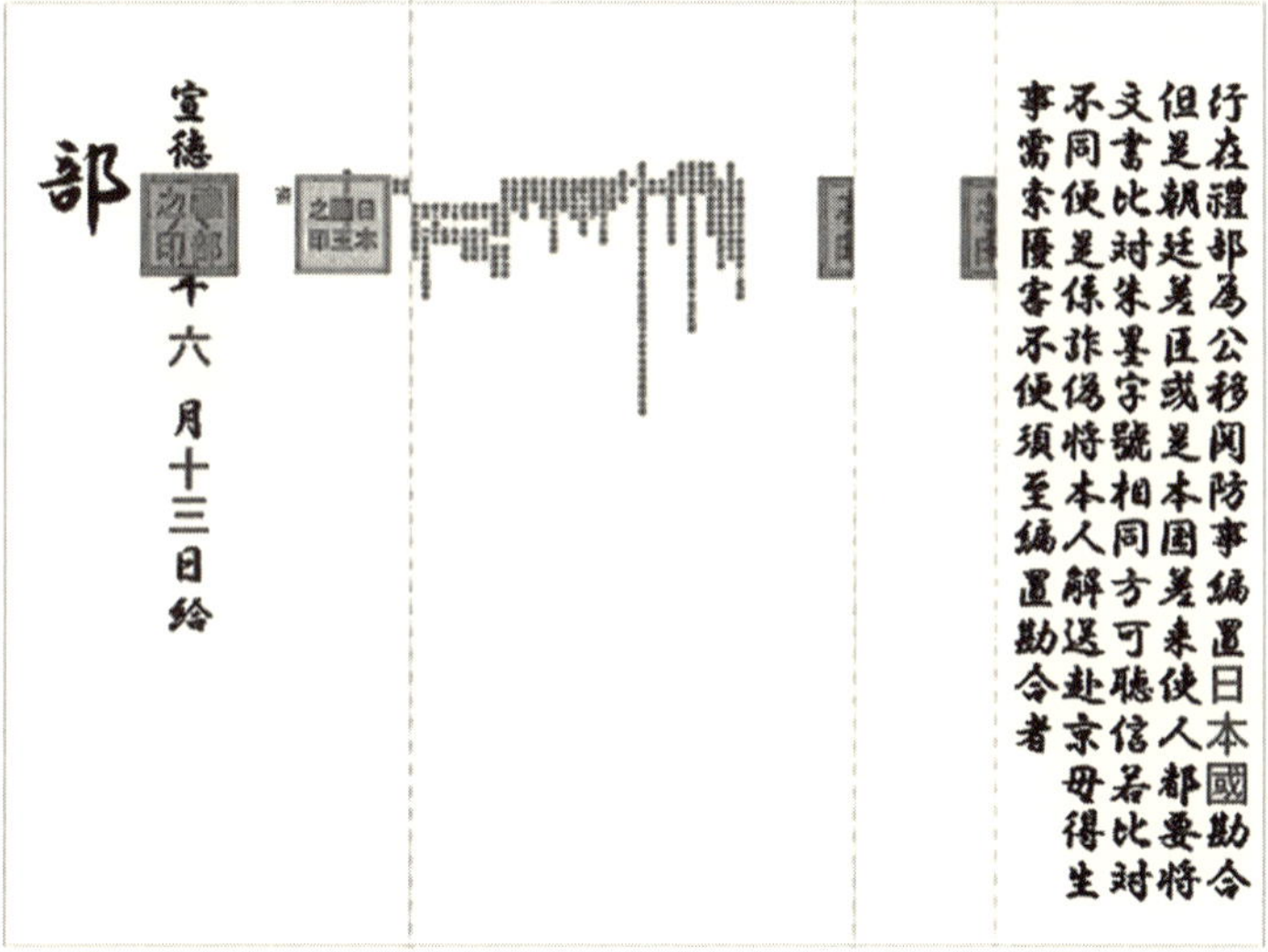

図 **6-11**　日明勘合(宣徳本字勘合)復元案(2013 年 7 月，橋本雄作成)

図 **6-12**　通信符(朝鮮から大内氏に賜給された銅製の半切銅印。毛利博物館蔵。『毛利元就』展図録より転載)

人漂流民だったと言えるでしょう。

こうやって見て参りますと、一見人道的な漂流民送還という事実の裏にも、さまざまな人々の思惑や歴史事象の連鎖が働いていたことが分かります。逆に言えば、こうした国際交流史の構造的変動に目を向けさせてくれる好個の素材が、本章で話題とした済州島人漂流民送還だと言えるのではないでしょうか。

おわりに

私が研究している中世日本国際関係史、あるいは東アジア海域史では、必然的に、〝海がつなぐアジア〟を探求していきます。ただ、しばしば「板子《いたご》一枚下は地獄」と言われるように、その歴史は、漂流や座礁等の危険がつきまとう歴史に他なりません。海に生きる人々はさまざまな航海信仰を持ちますが、残念ながらそれだけでは不十分です。実際に、海難事故に遭難してしまうこともしばしばでした。そこで、人間味あふれる先人たちの智慧として、漂流民の相互送還システムというものが徐々に形成されていったのでしょう。考えてみれば当然のことですが、溺れるようにして辿り着いた漂流者たちを助けるのに、いったい何の躊躇が必要だというのでしょうか。

しかしながら、それで心温まるヒューマンドラマに終始するかというと、決してそうではありません。漂流民の相互送還という国際的なルールを逆手にとって、自己の利益を打ち出そうとする人間がいたからです。本章で観察してきた対馬や博多の偽使派遣勢力がその典型例でしょう。彼らは、通交貿易制限を強める朝鮮に渡る使節を水増ししたり、さらには無《ゼロ》から使節を捏造するなど、かなり大胆なことをやっていましたが、その〝角隠し〟のために漂流民送還という名目を積極的に掲げたのです。

それでは、今回のように、朝鮮人漂流民を朝鮮まで送り届けた（させた）琉球王国にとってのメリットは何だったのでしょうか？　おそらく単純素朴に考えて、琉球の国際的な評判を高めることにつながったからだと思われます。海に囲まれ海で生活することの多い自国の一般民衆を守るために、あるいは海を越えて行なわれる外交・貿易という国家的事業を円滑に行なうために、漂流民を相互に送還し合うというルールの確立は是非とも必要でした。もし、沿海の諸国・諸地域に助けてもらえると期待できなかったら、人々は安心して海に漕ぎ出せたでしょうか。琉球の国際的評価の高まりが、やがては自国民の保護にもつながるということを、王府はよく分かっていたのではないでしょうか。またそれは、東シナ海に面する他国においても同様であったに違いありません。

どうにも他人の善意に水をさすようで恐縮ですが、しかし人間というのは生来欲深《よくぶか》な存在です。したがって、本章でえぐり出したような〝裏歴史〟も、実在して当然なのです。むしろ、歴史の中に理想的な人間や国家、社会の像を安易に求めるナイーヴな風潮こそ、問題だろうと思います。ハートウォーミングな漂流民送還という一事の裏側にこそ、真のドラマが存在すること、――そうした裏側に潜んだ歴史に肉薄することこそ、真実を知るために重要だということを、読者の皆さんも感じ取ってくださったのではないでしょうか。本章の検討作業も決して十分なものとは言えませんが、それでも、あたう限り間口を広げ、考察を繰り広げてきたつもりです。その作業がいかにおもしろくてワクワクするものか、お伝えできたとすれば、望外の喜びであります。

最後に、繰り返しになりますが、今回登場してくれた済州島人漂流民金非衣らの帰国報告のおかげで、われわれはこのように多くの複雑な歴史を知ることができました。そもそも来訪者《たびびと》の視線が大切だという点は、もはや揚言する必要もないでしょう。その土地の人にとっては当然のことでも、他所者《よそもの》には実に新鮮なものと映ります。それゆえ、本来残りにくいはずの記録が残るわけですから、心労を重ねた漂流民たちに、われわれ歴史学徒は心から感謝しなければなりません。

ただそれと同時に、こうした見聞録の〝視線〟が実は偏ったものである可能性も、常に忘れてはなりません。自分にとって奇異な習慣は、その未開さを証明するかのように描かれやすいですし、そもそも、聞き取って記録する側の問題関心がフィルターとなってしまうこともしばしばです。そうした幾重ものバイアスを振り払って、真実に辿り着くための努力が必要となってくるわけですが、これが実に難しい。きわめて困難な道のりですが、そうした自覚的で冷静な分析姿勢こそ、現在の歴史学、いや日本社会全体に真に必要なものだと感じています。

【引用・参考文献】

安達一紀『人が歴史とかかわる力――歴史教育を再考する』教育史料出版会、二〇〇〇年。
池谷望子・内田晶子・高瀬恭子編『朝鮮王朝実録　琉球史料集成』〈原文篇・訳注篇〉、榕樹書林、二〇〇五年。

伊藤幸司「大内氏の琉球通交」『年報中世史研究』二八号、二〇〇三年。

――「大内教弘・政弘と東アジア」『九州史学』一六一号、二〇一二年。

伊波普猷「朝鮮人の漂流記に現れた十五世紀末の南島」『伊波普猷全集　第五巻』平凡社、一九七四年。

――「『渡琉日記』を紹介す」『伊波普猷全集　第七巻』平凡社、一九七五年。

石垣市立八重山博物館編『海に沈んだ歴史――タイムカプセルを探してみよう』展覧会図録、二〇一三年。

うるま市立海の文化資料館編『船大工・越來治喜と宇保賢章の世界』展覧会図録、二〇〇九年。

大阪歴史博物館編『朝鮮通信使と民画屏風――辛基秀コレクションの世界』展覧会図録、二〇〇一年。

大田静男『夕凪《ゆーどうりぃ》の島――八重山歴史文化誌』みすず書房、二〇一三年。

長　節子『中世　国境海域の倭と朝鮮』吉川弘文館、二〇〇二年。

小田中直樹『歴史学ってなんだ?』ＰＨＰ新書、二〇〇四年。

九州国立博物館編『うるま　ちゅら島　琉球』展覧会図録、二〇〇六年。

――編『エイサー!　ハーリー!』〈きゅーはくの絵本③沖縄の祭り〉フレーベル館、二〇〇六年。

小林　茂「南西諸島の「低い島」とイネ栽培」『民博通信』二三号、一九八四年。

小林茂・松原孝俊・六反田豊「朝鮮から琉球へ、琉球から朝鮮への漂流年表」『歴代宝案研究』九号、一九九八年。

澤田裕之「韓国済州島における農業構造の変化」『立正大学文学部研究紀要』五号、一九八九年。

須田牧子「大内氏の外交と室町政権」川岡勉・古賀信幸編『日本中世の西国社会③西国の文化と外交』清文堂、二〇一一年。

高瀬恭子「琉球と朝鮮」内田・高瀬・池谷『アジアの海の古琉球』〈琉球弧叢書〉、榕樹書林、二〇〇九年。

高梨　修『ヤコウガイの考古学』〈ものが語る歴史⑩〉同成社、二〇〇五年。

高橋公明「異民族の人身売買」荒野泰典ほか編『アジアのなかの日本史Ⅲ　海上の道』東京大学出版会、一九九二年。

得能壽美「中山政権と宮古・八重山」『沖縄県史　各論編3　古琉球』沖縄県教育委員会、二〇一〇年。

新名一仁「三宅国秀・今岡通詮の琉球渡航計画をめぐる諸問題」『九州史学』一四四号、二〇〇六年。

萩尾俊章『泡盛の文化誌——沖縄の酒をめぐる歴史と民俗』ボーダーインク、二〇〇四年。

橋本　雄「遣明船の派遣契機」『日本史研究』四七九号、二〇〇二年。

——「朝鮮への「琉球国王使」と書契・割印制」同『中世日本の国際関係』吉川弘文館、二〇〇五年。

——「中世の国際交易と博多」佐藤信・藤田覚編『前近代の日本列島と朝鮮半島』山川出版社、二〇〇七年。

——「渡る使節はニセばかり」北海道大学人文学カフェ第三回〈北海道大学オープンコースウェア＝http://ocw.hokudai.ac.jp/OpenLecture/HumanitiesCafe/2010/BogusEmbassy/〉、二〇一〇年。

——『偽りの外交使節——室町時代の日朝関係』〈歴史文化ライブラリー〉吉川弘文館、二〇一二年。

——『〝日本国王〟と勘合貿易』〈NHKさかのぼり日本史 外交篇7 室町〉NHK出版、二〇一三年。

東恩納寛惇「朝鮮との交通」『東恩納寛惇全集3　黎明期の海外交通史』第一書房、一九七九年。

藤田明良「航海神」桃木至朗ほか編『海域アジア史研究入門』岩波書店、二〇〇八年。

松尾英輔「奄美大島における在来ネギ属野菜の識別と呼称」『地理学評論』五五巻三号、一九八二年。

水口幹記「海・髪・東アジア、そして祈り」同編『古代東アジアの「祈り」』〈叢書・文化学の越境〉、森話社、二〇一四年
水野俊平『庶民たちの朝鮮王朝』角川選書、二〇一三年。

水ノ江和同『九州縄文文化の研究——九州からみた縄文文化の枠組み』雄山閣出版、二〇一二年。

村井章介『境界をまたぐ人びと』〈日本史リブレット〉山川出版社、二〇〇六年。

——「古琉球の終焉」同『世界史のなかの戦国日本』ちくま学芸文庫、二〇一二年。

桃木至朗『わかる歴史・面白い歴史・役に立つ歴史——歴史学と歴史教育の再生をめざして』大阪大学出版会、二〇〇九年。

柳原敏昭『中世日本の周縁と東アジア』吉川弘文館、二〇一一年。

山内晋次「近世東アジア海域における航海信仰の諸相」『待兼山論叢』文化動態論篇四二号、二〇〇八年。

――――「前近代東アジア海域における航海信仰」吉尾寛編『海域世界の環境と文化』〈東アジア海域叢書4〉汲古書院、二〇一一年。

和田久徳「『李朝実録』にあらわれた南島」『歴史公論』一一巻九号〈通巻一一八号〉、一九八五年。

渡辺雅子編『叙述のスタイルと歴史教育――教授法と教科書の国際比較』三元社、二〇〇四年。

渡辺美季「近世琉球における外国人漂着民収容センターとしての泊村」第四回「沖縄研究国際シンポジウム」実行委員会編『ヨーロッパ大会 世界に拓く沖縄研究』同会、二〇〇三年。

――――「中日の支配秩序と近世琉球」同『近世琉球と中日関係』吉川弘文館、二〇一二年。

第七章　江戸時代漂流民と「安南国王」阮福映

――漂流記から読み解くベトナム史

吉開将人

はじめに

江戸時代の日本と海外との交流と言えば、すぐに思い浮かぶのは「鎖国」のイメージでしょう。しかし、この時代、実のところは非常に多くの日本人が、海外体験をしていました。意図せずして外国に漂着した漂流民たちです。

ある研究者の整理によると、今日記録に残る江戸時代日本人の海外漂流は、中国経由の送還例だけで六四件に及ぶそうです（春名徹「東アジアにおける漂流民送還制度の展開」『調布日本文化』第五号、調布学園女子短期大学、一九九五年、三九―七七頁）。当然ながら、漂流中に海の藻屑となり、あるいは漂着先で一生を終えた人々の記録は残されませんでしたから、海外体験をした鎖国時代の日本人は、実際には相当な数に上ったはずです。

彼ら漂流民の中には、「ジョン万次郎」や「大黒屋光太夫」のように、中国以外に流れ着き、歴史に名を残した人々もいますが、多くは、日本に帰り着いた後、故郷へと向かい、静かに余生を過ごしました。しかし彼らの中には、漂着先で歴史の大きな転換点に出くわした人物も含まれており、帰国後、取り調べを受けて供述したり、帰郷途上や故郷で語った内容には、歴史の空白を埋める貴重な記録が含まれていることがあるのです。今回紹介する寛政年間（一七八九―一八〇一年）の仙台藩漂流民たちは、その典型例と言えるでしょう。

一七九四年、石巻から船出した大乗丸乗船の一六人は、江戸に向かう途中で遭難し、三カ月近い漂流の末、当時「安南《あんなん》」と呼ばれていた今日のベトナムに漂着しました。かの地の「国王」は彼らを手厚く保護し、彼らの一部は、ポルトガルの植民地マカオと、清朝統治下の南中国経由で、一七九五年の末、長崎に生還したのです。

当時のベトナムは、ちょうど現在の国土の形が作られる時期で、各地で複数の君主たちが覇権争いを繰り広げていました（嶋尾稔「タイソン朝の成立」『岩波講座東南アジア史四』二〇〇一年、二八七―三二二頁）。その一人が阮福映《げんふくえい》（一七六二―一八二〇年、ベトナム語読みでグエンフックアイン、最近の高校の世界史教科書では「阮福暎」と表記）です。大乗丸の漂流民たちが「安南」に漂着してから八年後の一八〇二年、群雄割拠の抗争に勝利した彼は、統一王朝の成立を内外に宣言します。こうして成立したのが、ベトナム最後の王朝である「阮《げん》（グエン）朝」です。

実は、漂流民たちを現地で保護した「国王」とは、さまざまな記録を検証すると、まさに若き日の阮福映であったと考えられます。この一点についてあれこれ議論するのが、今回の話の中身です。大乗丸漂流民たちは、帰国後、日本でさまざまな記録を残しました。それらは、今日のわたしたちにどのようなベトナム史の一断面を明らかにしてくれるのでしょうか。以下でその概要について紹介したいと思います。

一　大乗丸漂流に関する諸史料

今回取り上げる大乗丸漂流事件については、以下のような各種記録があります。

最も広く流布するのは、漂流民の帰国から三年後に京都で出版された、書肆枝芳軒なる人物の『南瓢記』という著作（一七九七年序、一七九八年京都書林〔銭屋長兵衛〕刊）です。仙人の夢物語という体裁ではありますが、内容は大乗丸漂流民の帰還までの物語に題材をとったものであることが、すでに明らかにされています（Muramatsu-Gaspadone,〔K.〕, 1934, “Nampyōki”, *Bulletin de l'Ecole Française d'Extrême-Orient*, Tome 33, Fasc. 1: pp. 35–120、浅海正三「南漂記について」『歴史』一八、四海書房、一九四三年、六四―六七頁）。開国以前に正式に出版され国内に広く流通した漂流記は、これが唯一のものです。フィクションの体裁をとったのは、鎖国下の時勢と関連づけて理解すべきでしょう。しかしそれでも、出版から二年後、一八〇〇年には禁書の処分を受けたようです（宮武外骨『筆禍史』雅俗文庫、一九一一年、五四―五五頁）。鎖国時代に大衆に向けて海外事情を知らしめることが、どれほど危険と見られていたか、うかがうことができましょう。

さらにこれらとは別に、大乗丸の漂流事件については、漂流民たちが帰国した際の長崎奉行所での「口書」(供述書)が残っており、当時長崎奉行所に出向していた近藤重蔵(守重、一七七一—一八二九年)が一七九六年に記した「甲寅漂民始末」「風土記」(『安南紀略藁』巻之二)は、それをもとにまとめたものであることが、内容から推察されます。

これら長崎奉行所関連の史料と、民間史料とでも言うべき『南瓢記』の記述とでは、後者がフィクションの体裁であることを割り引いても、内容と構成に大きな相違があります。両者は異なる系譜の史料と考えなければなりません。では、仙人の夢物語の体裁をとった『南瓢記』に、果たして史料的な価値はあるのでしょうか。

実は『南瓢記』と同一内容を、夢物語という体裁ではなく、通常の紀行文としてまとめた『南漂記』や『安南話』という書名の版本と写本が、これとは別の稀覯書《きこうしょ》として存在します。幸いにして、最近この二つを古書市場から入手して、図書室の蔵書に加えることに成功しました。さらに筆者が新たに入手した『南漂記』収録の枝芳軒自序には、広く知られる『南瓢記』収録の枝芳軒自序とは異なる内容が見えます。一七九七年「中夏(五月)下旬」に漂流民本人たちに対して行なわれた聞き取り調査に基づくものであることが明言されているのです。『南瓢記』の自序は、この事実関係を曖昧にしています。『南漂記』は、『南瓢記』に先立つ版本なのです。

枝芳軒の取材と関連づけてさらに注目されるのは、大坂(今日の大阪)の豪商で民間学者として知られる山片蟠桃《やまがたばんとう》（長谷川芳秀、一七四八―一八二一年）との関係です。これまでほとんど注目されてこなかった事実ですが、一七九七年五月二一日、仙台への帰路にあった漂流民一行を、山片は大坂の船着場である「八軒家」に迎え、直に聞き取りをしたことが確認できるのです。山片は、漂流民たちの一人が残した「日記」の「写《うつし》」も入手し、彼らが持っていた「書画」を書き写したとも述べています（『宰我のつくのひ（償）』）。『南漂記』系統の史料には、物品や書類の写実的スケッチが少なからず含まれています。山片の行動は、枝芳軒の取材と何らかの関係を持つものであったと推測すべきでしょう。内容からうかがわれる著者の博学ぶりからして、あるいは枝芳軒が山片その人であったとしても、不思議ではありません。『南漂記』系統の史料の価値は、長崎奉行所作成の史料と同等、あるいはそれ以上に高く評価されるべきでしょう。

他にも関連史料がいくつかありますが、これらの総合的な比較研究は別の機会に譲り、今回は民間の史料である『南漂記』と、奉行所の史料である「甲寅漂民始末」「風土記」の双方を利用して、大乗丸の漂流をめぐる諸問題について検討することにしましょう。

二　漂流から帰還まで

大乗丸は、仙台藩名取郡閖上《ゆりあげ》村の彦十郎を船主とする船でした。その乗員は、船頭の清蔵ら一六名（そのうち清蔵・松平・与五郎・久之丞・惣八・藤吉の六名が「安南」で死去、清之丞一名が

「広東」で死去)で、いずれも今日の石巻出身の船乗りたちです。その中で、長崎に生還できたのは、源三郎・清七・忠吉・平五郎・幸太郎・巳之松・周蔵・門次郎・兵吉の九名で、しかも源三郎は長崎で命を落としましたから、無事故郷に戻ることができたのは、わずか八名だったことが分かります。漂流体験の過酷さが、この数字からもうかがえましょう。

大乗丸一行の動向は以下の通りです。

【一七九四年】

江戸に運ぶ二千六百余俵の米を積んで八月二三日石巻出港、翌二四日寒風沢に入港し風待ち、九月二七日出港。

九月三〇日に暴風を受けて難破、三カ月近い漂流の後、閏一一月二〇日に島に上陸、翌二一日現地人と接触、筆談でそこが「安南国」であることを知る。

現地の地元役人との接触を経て、一二月一日源三郎は病気の船頭清蔵に代わり一同を代表して出発、同三日「アンナン」に着き「城のようなる場」に出向き「国王」に拝謁、同五日出発、同一〇日漂着地に戻る。

【一七九五年】

一二月一五日一同揃って漂着地を出発し、同二〇日「アンナン」「国王の都」に到着、次いで一同「国王」に拝謁。

四月二四(三〇?)日ポルトガル商船に便乗して出港、五月五(七?)日亜媽港(今日のマカオ)到着。

七月一六(一七?)日広東商船に便乗して出港、同二〇(二一?)日広東(今日の中国広東省広州)到着。

八月一三日広東出発、一〇月六日乍浦《さほ》(今日の中国浙江省平湖)到着。

一一月七日乍浦出港、同二二日五名が長崎帰還、一二月一四日四名が薩摩経由で長崎帰還。

三　漂流記の記述と「安南」「国王」問題

では、漂流から帰還までが記された『南漂記』と「甲寅漂民始末」「風土記」の記述から、ベトナム史をめぐるどのような史実が浮かび上がるのでしょうか(以下、引用文は読者の読みやすさを考え、現代仮名遣いとし、異体字を含め漢字は常用字、送り仮名は平仮名に統一し、必要な場合には送り仮名を加え、書き下した。傍線、□は筆者が加えたものである)。

まず注目されるのは、漂着先の土地が「安南」と呼ばれていたこと、そしてその地の「都」には「国王」なる人物が存在していたことの二点です。

霜月二十一日、猟船の人へ難舟の次第を語り、助けくれ候えと相頼みていえ共、一つも聞き取り申さざる故に、文字にて何という国と相尋ね候えば、安南国西山離れ島と答え、また其の方達は何《いず》れの国と問い候故、日本と書き見せ候えば、日下《ひのした》かと問う。(『南漂記』巻之一)

閏十一月……二十一日……源三郎、日本人と書き見せければ、その中の老人、ニャッポンかと云いしゆえ、又何くの国と書ければ、安南国と書き出したり。（「甲寅漂民始末」）

時に景興五十五年十二月……（寛政六寅〔一七九四〕年に当たる安南国年号也）……二十一日に官人まいられ、追って国王へ御目見え致さすべきよし、……挨拶いたし帰られける。……一両日過ぎて、国王より〔漂流者一行〕のこらずお目見え仰せつけらるるよし申し来たり、……国王出で給う。……国王御年四十歳ばかり。……両王子……王子兄君〔阮福景？〕は二十歳ばかり。……国王の前に行き、立ちながら三度拝をなし、漂着の日本人御目見えと披露すれば、国王御会釈あり。（『南漂記』巻之二）

十二月……三日、〔源三郎〕アンナンへ着し、城のようなる場へつれゆき、国王の前へ出し……乙卯〔一七九五年〕の四月、二十四日……役人来たり、アンナン国王より給う由にて白米十六俵をわたす。五時出船。（「甲寅漂民始末」）

国王の事。今の王は年三十二歳にして、年号は景興五十六年になり、一年十二月のよし。（「風土記」）

漂流は一七九四年の出来事です。この時代、現在のベトナムには確かに「安南国」という国号を持つ王朝が存在していました。君主は阮《げん》（グエン）姓ですが、先に紹介した「阮《げん》（グエン）朝」（一八〇二―一九四五年）とは別もので、通常「西山《せいざん》（タイソン）朝」（一七八八―一八〇二年）と呼ばれる王朝です。

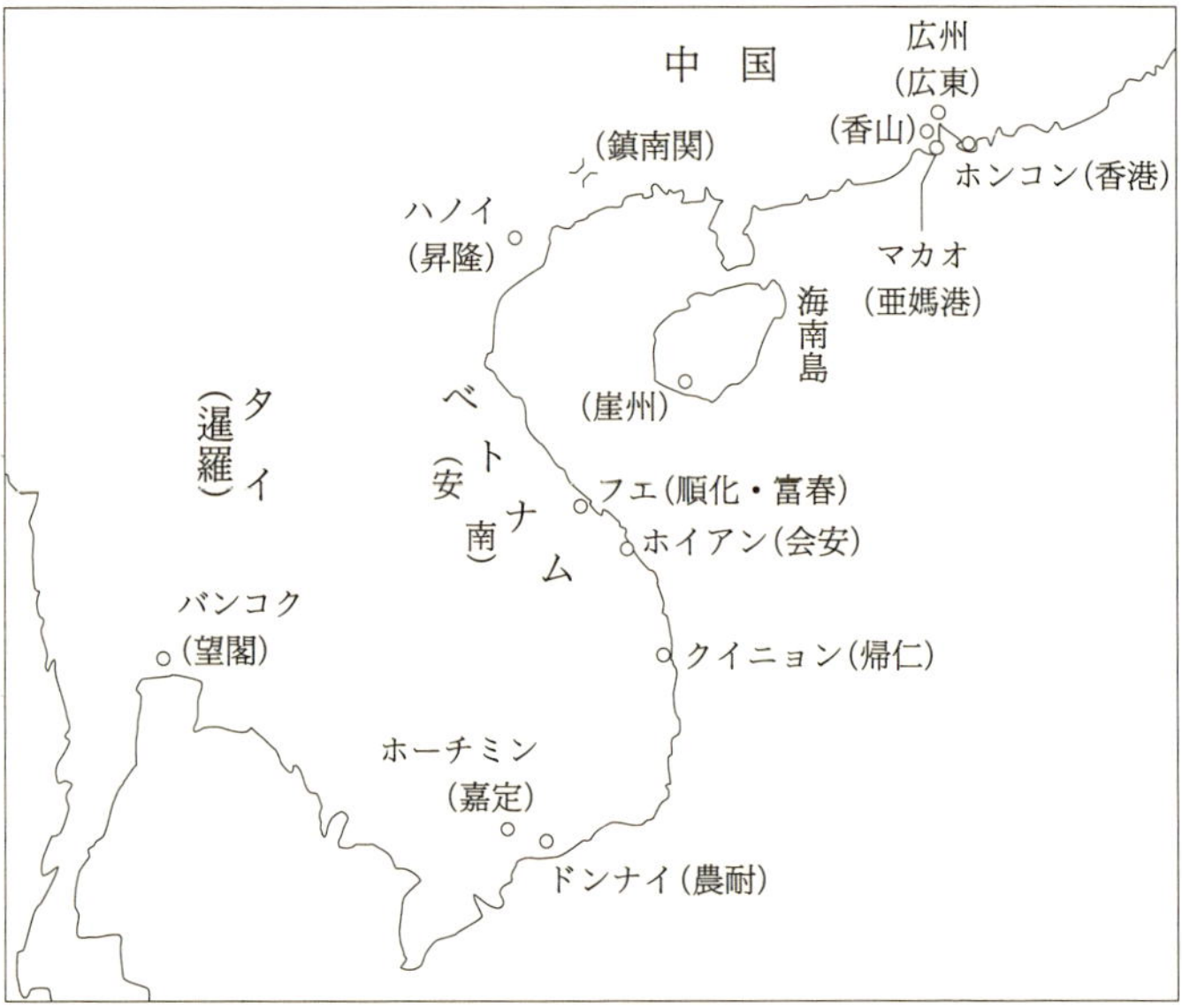

図7-1　文中関連地名

都は中部ベトナムの富春(順化、今日のフエ)で、都の近くには「海のシルクロード」国際港の会安(今日のホイアン)があり、一七世紀初めまでは日本の貿易船も数多く寄港し、多くの日本人が暮らす日本人町もあったとされています(日本ベトナム研究者会議編『海のシルクロードとベトナム』穂高書店、一九九三年)。現地の人々にとっても、日本人はなお記憶に新しい存在であったことでしょう。上記の『南漂記』の記事は、これらの史実と実によく符合します。そのため、近年の研究者は、そう信じて疑っていないようです(和田正彦「漂流民の眼からみた十八世紀後半のベトナム」『南島史学』第四五号、南島史学会、一九九五年、二三―四一頁、前掲春名「東アジアにおける漂流民送還制度の展開」)。

では、それで問題はないのでしょうか。

実は今から八十年前、研究者として初めて『南瓢記』と「甲寅漂民始末」に考証を加えた村松（ガスパルドヌ）嘉津氏は、後の阮朝編纂史料（『大南寔録』）の記事から垣間見える当時のベトナム国内の情勢と、上記の大乗丸関連記録中に見える「景興」年号の記述に注目して、その舞台が西山朝や都の富春ではなく、西山朝の対抗者であった阮福映とその新興拠点、南部ベトナムの嘉定（今日のホーチミン＝旧サイゴン）に他ならないと論じています（前掲 Muramatsu, "Nampyōki"）。手にしうる史料が格段に増え、ベトナム近世史に関する研究も進んだ今日において、どちらの説に軍配を上げることができるのでしょうか。

四　「景興」年号

まずは村松嘉津氏が注目した、漂流先の地で使われていたとされる年号について、改めて検討してみましょう。

「景興」という年号は、阮朝にも西山朝にも存在しません。ベトナム史上、「景興」年号は、西山朝が滅ぼした「（後）黎（レー）朝」（一四二八－一七九三年）の最後から二番目の君主顕宗の年号で、期間としては一七四〇～八六年に相当します。顕宗が没したのは景興四七（一七八六）年七月のことです。これは大乗丸一行漂着の八年前にあたります。

一七八九年から清朝領内に避難して王統をかろうじてつないでいた黎朝最後の君主愍帝(一七八六年即位)も、大乗丸漂着の前年、一七九三年に没し、名実ともに黎朝は滅亡していました。愍帝の「昭統」年号も、そこで終わったと見るべきです。

では、上記のように漂流民たちが一七九四年に記録に残した「景興五十五年」という年号は、どのように説明すべきなのでしょうか。

漂着先が西山朝安南国で、都が富春であったなら、黎朝を滅亡に追いやった西山朝がなおも旧来の年号を用い続けていたことになります。しかし年号を天下の主宰者としての君主権力の正統性と結び付けて考えていた前近代の中国とその周辺諸国において、それはありえないことです。実際のところ、西山朝初代君主の阮文恵は「光中」年号(一七八八—九二年)を用い、それを継いだ第二代君主の阮文纘は「景盛」年号(一七九三—一八〇一年)を用いていたことが、歴史的に明らかとなっています。一七九四年に大乗丸が西山朝下の中部ベトナムもしくは北部ベトナムに流れ着いたのなら、そこで見聞きした年号は、「景興」でなく「景盛」でなくてはならないのです。

これに対し、大乗丸の漂着先を阮福映の新興拠点、南部ベトナムの嘉定とする村松嘉津氏は、阮福映がフランス人宣教師ピニョー(Pigneau)に追贈した勅書に、「景興六十(一七九九)年」の年号使用が認められることを根拠に、この問題を説明しています。

この点に注目して、改めて既存の文献史料を見直すと、すでに歴史から消えたはずの旧黎朝の景興年号を、西山朝を滅ぼして阮朝を創業する直前まで、阮福映が使い続けていたことを示す記述が確認されます。

壬戌二十三年〔一八〇二年〕……夏四月、……帝〔阮福映〕はかつて群臣と戦略を議論し、「北河の地〔北部ベトナム〕は、黎朝の故国である。わが先祖は南部に礎を築いてから二百余年にわたって、黎朝の正朔〔暦〕を用いてきた……」と言った。鄭徳超・陳文櫂らがみな進み出て、「黎朝の君主〔愍帝〕が清に亡命し、二度と帰らなくなってから、北河の地〔北部ベトナム〕は、すでに西賊〔西山朝阮氏〕の領有するところとなりました。……今、われらは北伐してなおも黎朝の年号を用いています。……皇帝に即位して改元し、天下に大義を発するのが一番です。そうすれば、国を得たことが正当なものとなり、異議をとなえる者はいません」と言った。……臣下たちが書状を奉って、皇帝に即位し改元することを求め、「……古来、中興の賢君で〔あなた様に〕まさる者はいません。それなのになお黎朝の景興の旧年号を用いては、内外が混乱している中で、向かう方向が分かりません。早く皇帝に即位しなければ、おそらく人心をつなぎとめることができないでしょう……」と言った。（『大南寔録』正編第一紀・巻十六）

阮福映が、中部ベトナムの富春を占領し、西山朝の阮文纉を駆逐したのはこの前年（一八〇一年）の五月のことです。そして、臣下の要請にこたえて、実際に即位改元の儀式を行ない、年号「嘉隆」を宣言したのは、この年（一八〇二年）の五月〔阮朝の成立〕であり、北部ベトナムの黎朝旧都の昇隆（今日のハノイ）まで進撃し、阮文纉を捕え、昇隆城に自ら出向いて天下統一を宣言したのは翌六月のことです。つまり阮福映は、上文に見るように、阮朝の成立直前まで、黎朝の年号つまり「景興」を用いていたことが分かるのです。これによれば、一七九四年に大乗丸の漂流民たちが見聞した「景興」年号は、阮福映が用いていたものに相違なく、漂着地はその勢力下にあった南部ベトナムの海岸、連行された先の「都」は阮福映の新興拠点、南部ベトナムの嘉定であったことになります。最も古い村松嘉津氏の説に、軍配を上げることができるのです。

五　「景興」「安南」「国王」問題

では、それで問題解決となるのでしょうか。そうではありません。

阮福映が黎朝の「景興」年号を用い続けてきたということは、黎朝を正統王朝と認め、黎朝君主に臣下として仕えるという大義名分を、内外に示してきたことを意味します。しかし、黎朝君主が「安南国王」として宗主国清朝から冊封されているわけですから、自ら「国王」を名乗ることはありえないはずです。ところが、大乗丸の漂流民たちは、「安南国」の「アンナン」という地の「国王の都」で「国王」に会ったと記録しています。これは通訳を介した現地体験の中での、漂流民たちの勝手な解釈にすぎないのでしょうか。

黎朝のすでに亡き「安南国王」の正統性を尊重しながら、みずからもまた「安南」「国王」として君臨していたというのは、前近代の中国とその周辺諸国における大義名分の論理では理解しがたいようにも思えます。しかし近年の研究は、阮福映の場合、こうした常識が必ずしもあてはまらないことを明らかにしています。その一例が、以下に紹介する、フランスの研究者マンガン氏が、かつてポルトガルの植民都市であったインドのゴア(Goa)で発見した、阮福映による漢文の書状です(Manguin, Pierre-Yves, 1984, *Les Nguyên, Macau et le Portugal*, Publications de l'École Française d'Extrême-Orient, Vol. 134, pp. 212–214, pl. XVII–X)。

安南国王は謹んで安尊茱移甘甫〔アントニオ・ジョセ・ガンボア〕侯に返書いたします。本日、貢物を持って修好のために暹羅国〔今日のタイ〕に来た虞国総鎮官〔ゴア総督〕派遣の安尊為産〔アントニオ・ビンセンテ〕と面会し、わたくしの奪還〔ベトナムへの帰還復国〕を支援してくださると聞きました。別に貴侯の書状があって、貴侯が虞国総鎮官の命を受けて、軍備食料の用意を進めてくださっているとのことでした。初めて貴侯のわたくしに対するお考えの大きさを知りました。感激この上ありません……景興四十七〔一七八六〕年一〇月一五日。(Historical Archives of Goa, *Livro de Macau 17*)

当時、阮福映は西山阮氏によって南部ベトナムから駆逐され、隣国暹羅《せんら》(今日のタイ)の望閣(今日のバンコク)に身を置き、南シナ海の貿易利権に野心を抱くフランスやポルトガルに軍事援助を求め、ベトナムへの帰還を夢見ていました。そのため、ポルトガルの南アジアの拠点であるゴアと、東アジアの拠点であるマカオに向けて、頻繁に接触を図っていたのです。ここで言う「安南国王」が阮福映の自称であったことは疑いありません。この史料により、少なくとも大乗丸の一行が現地に漂着する八年前に、阮福映が「景興」年号を用いつつ「安南国王」を自称していたことが明らかとなるのです。

こうした目で既存の文献史料を見直すなら、以下のような文言が注目されます。

甲子六〔一七四四〕年夏四月、……群臣阮登盛らが上表文を奉って、主上〔阮福濶、在位一七三八―六五年、阮福映の祖父〕に王位につくよう求めた。主上は謙譲して受けなかったが、群臣たちが繰り返し願い出ると、主上はそれに従い、庚戌の日に国王印を鋳造し、己未の日に主上は富春府で王位につき、……居館を殿と呼び、〔臣下が上奏する際には旧来の〕申ではなく奏とするよう改め、すべての文書は継続して黎帝の年号を用い、属国に下すものには、天王と称するよう命じた。（『大南寔録前編』巻十）

これは、阮福映の祖父の阮福濶が、一七四四年に、中部ベトナムの富春の地で、自立して「王」を称したことについての記事です。阮福映の先祖は、黎朝の臣下でありながら、今日の中部ベトナムから南部ベトナムにかけて一大勢力を確立し、通常「広南《こうなん》（クァンナム）阮氏」と呼ばれる、日本史風に言うなら「幕府」を開いたような存在でした。広南阮氏の長であった阮福濶は、清朝によって「安南国王」に冊封されている黎朝君主のもとで、「国王」として君臨し、対外的には伝統的君臣関係を超越した「天王」号を称するに至っていたのです。それが現実には「安南国王」という意識であったことは、これに続く以下の記事から明らかです。

丙子十八〔一七五六〕年……秋七月、翰林院の阮光前が罷免された。この時、〔清の〕閩浙千総の黎輝徳が船を遭難させて我が海域に漂着し、手厚く物資を与え、帰国させた。その際に清人の罪人李文光ら十六人を〔清の〕福建に送ろうとし、〔阮福濶は〕阮光前に命じて、〔清に送る〕書状に安南国王と称するように命じたが、阮光前は強く拒んだ。主上〔阮福濶〕は怒ってその職を罷免した。（『大南寔録前編』巻十）

つまり、この阮福濶の孫であった阮福映が、一七九四年、大乗丸漂流民たちを前に「安南国王」として君臨し、「景興」年号を用いていたとしても、何ら疑問はないのです。

そもそもベトナムの歴代王朝は、宗主国である中国王朝に対しては「安南国王」として冊封を受けつつも、自国内では「皇帝」に君臨するという、前近代の中国とその周辺諸国における大義名分の論理からは逸脱した対応をとり続けていました。阮福映の先祖である広南阮氏が、中国を中心とする東アジア世界の伝統的観念とは異なる世界観を持っていたことは、上記以外の史料からも明らかになっています（桃木至朗「広南阮氏と「ベトナム国家」」『南シナ海世界におけるホイアン（ベトナム）の歴史生態的位置』平成二年度文部省科学研究費報告書、一九九五年、二九―五二頁）。

歴史的状況が複雑でありながら同時代の史料が乏しい、この当時の阮福映政権を理解する上で、大乗丸漂流民たちが残した『南漂記』など、江戸時代の和文史料がどれだけの信憑性を持ち、いかに重要な価値を持つかという点を示すことができたと思います。

六　宗主国清朝の文書史料

話はこれで終わりません。黎朝・西山朝・阮朝の宗主国、中国の清朝が残した文書の中に、さらなる関連史料が見出されるのです。

当時の中国を支配していたのは、中国東北地方から北京に入り都を置いた満洲族の清朝皇帝でした。清が北京に入って三代目の皇帝雍正帝（在位一七二二―三五年）が、広大な帝国を効率的に支配する必要から新設したのが、皇帝直属の軍事政治中枢の軍機処《ぐんきしょ》であり、勅任の地方官から皇帝宛てに親展状を送らせ、公的政務機関の内閣・六部を通さず、自らの手にいち早く情報を集約させることを目的とした奏摺《そうしょう》制度でした。

雍正帝以後の清朝皇帝は、勅任の地方官の赴任時に、訓示を与えるとともに、私的に親展状（奏摺）を届けることを命じ、そのための文箱を鍵とともに与えたのです。帝国各地の赴任地から送られた奏摺は、宮中の皇帝のもとに直接届けられ、皇帝はその内容を確認し、添削・コメント（硃批《しゅひ》）を加え、録副《ろくふく》と呼ばれる控えの「写し」を軍機処で作成、ファイル保存させた後に、奏摺原本は発信者である地方官に送り返されました。受け取った地方官は硃批の内容を確認し、再び宮中に奏摺原本を送り届けます。宮中ではそれを永久保存しました。

奏摺は、皇帝宛の私的親展状としての性質を持ち、そのため公式の文書や編纂された各種文献には見えない内容を多く含んでいます。その中には大乗丸漂流民たちの送還に関わる記録も見出されるのです（薫武彦「清代檔案史料論序説」『東京大学史料編纂所研究紀要』第一三号、二〇〇三年、一四八―一六四頁）。以下はその一例です。

両広総督代理の広東巡撫の朱珪が謹んで申し上げます。……香山県（今日の広東省中山市）からの報告によると、本（一七九五）年六月十二日にマカオ総督（ジョセ・マヌエル・ピント）からの報告を受けたところ、日本国遭難者の源三良（郎）らが、昨（一七九四）年十二月に嵐で安南に漂着、積荷は沈没して喪失、九人だけ逃れて生存、本年四月にマカオの第八号船の呢咕滂啡嗚味（船名不詳）号に乗り、五月二十日にマカオに到着、船で帰国したがっているが、マカオの船は日本に行っていないので、代わって帰国させてやるようお願いしたい、とのことでした……（乾隆六十（一七九五）年七月十八日）。（宮中檔硃批奏摺（軍機処録副奏摺　七七四九―六四））

マカオ到着の日付などに、江戸時代の和文史料との相違が認められますが、「安南」への漂着以後の事実関係に異なるところはありません。漂流民たちは、このようにしてポルトガル人から清朝に引き渡され、彼らの文書制度の中で独自に記録されたのです。

このように、奏摺は清朝各地の実情を知る上で、きわめて貴重な手がかりを提供します。そのため奏摺の原本は清朝史を研究する上での一級史料とみなされ、大部分が故宮の国宝文物とともに台湾に運ばれ、これまでも多くの研究者が注目してきました。一方、先に述べたように奏摺原本をもとに軍機処で作成された「写し」(録副＝録副奏摺)については、大部分は北京に残されたままでしたが、あくまでも「写し」であるため、台湾に出向くことのできない中国人研究者を除き、ほとんど関心が向けられることはありませんでした。

ところが、二〇〇四年春、偶然の機会に北京の紫禁城内にある檔案《とうあん》(文書)館の中国第一歴史檔案館を訪れ、初めて生《なま》の清朝檔案に接した筆者は、興味を惹かれて史料を手当たり次第に見るうちに、しばらくして一つの重要な事実に気がつきました。先に奏摺制度の流れを見たように、録副奏摺は、奏摺原本が返却される際に軍機処で急いで作成されるもので、内容的には原本と重複するため、史料的価値としては原本の方が高いわけです。しかし、地方官から届く奏摺には、自らの報告を裏付ける付属の文書が、往々にして「添付資料」的に同封されていました。それらの添付資料には、地方行政の報告資料から、罪人の尋問結果、外国君主からの書状まで、実に多岐にわたる記録が含まれ、それ自体がきわめて重要な史料的価値を持っています。それが奏摺原本に同封されていたわけです。しかし皇帝が奏摺を受け取った後、発信者である地方官に差し戻し、確認させたのは、皇帝によって奏摺原本に書き加えられた硃批です。そのため、原本を本人に返却する際には、添付資料は軍機処で原本から切り離され、録副奏摺と組み合わされて、軍機処付属の方略館という役所の倉で保存されたのでした。

録副ファイル中のこれらの添付資料は、奏摺原本には見られない、それと同等もしくはそれ以上に価値のある史料です。このことに気づいて以後、中国・ベトナム間の領土問題が表面化して突如閲覧を禁じられることになった二〇一一年の半ばまで、筆者は休暇になると北京に通いつめ、ベトナムに関する録副ファイル中の史料の筆写を、紫禁城の片隅で一人黙々と続けました。

今となってはきわめて貴重な、おそらく二度と外国人には公開されないであろうこれら史料の筆写内容を改めて見直してみると、その中には大乗丸漂流民たちの残した記録を読み解く手がかりとなるものが、少なからず含まれていることに気づきます。

七　阮福映の黎朝正統観

例えば以下の史料は、大乗丸の漂流から五年後の一七九九年に、現在のベトナムに接する中国最南の沿海地方を統括していた両広総督の覚羅吉慶らが、当時の清朝皇帝嘉慶帝（在位一七九六―一八二〇年）に宛てた奏摺の添付資料です。

阮進定……潘文招……供述。わたくしたちは、安南の農耐の旧黎王の家臣です。現在の農耐王は、名を阮福種といい、黎王の旧臣です。かつて〔西山朝〕阮光平〔阮文恵〕は黎王を追い出した後に、農耐地方を占拠しました。……わたくしたちの国王の阮福種は、暹羅国〔今日のタイ〕に避難し、その後……農耐地方を奪還しましたが、黎王の帰国を望んでいるので、あえて年号を僣称することなく、そのためなおも景興を用いているのです。〔農耐は〕港町の清霞で安南と境界を分かちます。わたくしたちは阮福種の家臣で、阮光平とは、〔たまたま姓が同じだけで〕同族ではありません。……阮文遂・阮文氳・呉文教らの供述。……わたくしたちの旧主の黎〔朝〕景興〔顕宗〕は阮光平に位を奪われ、阮福種は暹羅国に避難した後、軍事援助を受けて帰国し農耐地方を奪還しましたが、なおも景興年号を用いているのは、黎氏を忘れないためです。わたくしたちの農耐地方には清霞港があって、安南と境界を分かつところです。〔軍機処録副奏摺　七七八一―七六〕

これは一七九九年八月に、海南島の崖州〔今日の海南省三亜市〕海域で拿捕された「安南」漂着船乗組員に対する広州での尋問記録です。ここで何よりも注目されるのは、自分たちとその君主「阮福種」が、ともに「安南」「黎王」の「旧臣」であると明言している点であり、またその「黎氏」「黎王」が「黎〔朝〕景興〔顕宗〕」であることを明らかにしている点です。阮福映の諱《いみな》が「種」であったという記事が阮朝下に見えること(潘叔直「国朝大南紀」『国史遺編』一八五一年、『大南寔録』正編第三紀・巻之三八)と、西山朝との敵対関係、暹羅国への避難という歴史的事実を考え合わせると、「阮福種」が阮福映であることは疑いようがありません。

これらの史料により、「阮福種」すなわち阮福映とその配下の者たちが、西山朝によって滅ぼされた黎朝を正統王朝と認め、西山阮文恵の昇隆入城以前に在位していた黎朝景興帝の正朔(暦)を奉じ続けていたことが、明らかになります。その意図は、黎朝を滅ぼしただけでなく、自分たちをも窮地に追い込んだ、仇敵西山阮氏への復仇意識にあったことは明白です。つまりこの史料の内容を文言通り読めば、阮福映は黎朝の正統性を尊重しつつも、「農耐」の「王」として自称自立していたことになるのです。

文中に見える「農耐」(ベトナム語読みでノン〔ドン〕ナイ)という文言は、清朝側の他の史料中では「農奈」(ノンナイ)「禄頼」(ロックライ)などと表記されているベトナムの一地名と推察されます。これは、阮朝の編纂史料では通常「鹿野」(ロックダイ)「仝狔」(ドンネ)と表記されているものに相当し、今日の南部ベトナムの地名「ドンナイ(Dong Nai)」に相当することが、その漢字音から推測されます。ドンナイは、当時の阮福映の拠点、南部ベトナムの嘉定の近隣に現存する地名です。

上記の史料では、当事者たちが現在の「安南」とは別の勢力であることを強調している一方で、「農耐地方」という文言が繰り返されることから、あくまでも「農耐」は「安南」の一「地方」にすぎないという認識が見て取れます。これは、一地方の「王」でありながら、国としては「安南」

を意識し、黎朝皇帝への忠誠を誓うという点で、筋の通った説明が可能な論理です。しかしすでに紹介したように、一七九四年に大乗丸の漂流民たちは、阮福映との出会いを「安南」の「都」で「国王」に拝謁したと記録しており、一地方の領主に会ったとは思っていないようです。阮福映もその家臣たちも、そうした振る舞いや説明を一切せず、「安南国王」として彼らに臨んだのでしょう。

八　漂流民と阮福映の外交

最後に、大乗丸の漂流から少し離れて、先ほどの「国号」「王号」問題を掘り下げてみましょう。

阮福映は、結局、フランス人を中心とする外国人勢力(ピニョーほか)と、南部ベトナムの華人勢力(華僑)の支持を受けて、嘉定を拠点として、南部ベトナム、そして中部ベトナムへと進撃し、一八〇一年五月、西山朝の阮文纉を北部ベトナムの昇隆に駆逐し、広南阮氏の旧都富春を奪還して、宿願の復仇を果たすことになります。すでに紹介しましたように、翌一八〇二年四月、臣下の要請を受け、その翌五月、それにこたえて即位改元の儀式を行い、年号「嘉隆」を宣言したのです。当時なお北部ベトナムには阮文纉とその残党が割拠し続けており、天下統一はその翌六月以後のことになりますが、一応はこの即位改元をもって阮朝の成立とみなすべきでしょう。

この時期に、阮福映が次の最重要目標として設定していたのは、西山朝安南国の宗主国であった清朝といかに接触し、西山朝に代わる正統なベトナム王朝の君主として、いかにして正式な冊封を受けるかという点でした。

これより先、一七九四年に大乗丸の漂流民たちは、阮福映の都から清国に、陸路ではなく海路で第三国のポルトガル領マカオを経由して帰されました。清国と国境を接する北部ベトナムには「安南国王」として冊封を受けた仇敵西山朝の阮文纉が君臨し、清朝との交渉のチャンネルを持たなかったためと理解すれば、それは納得しやすいことです。

阮福映は、一八〇一年五月に旧都富春を奪還して宿願を果たすとすぐに、西山朝を壊滅させて南北の統一を果たすか否かをいまだ決めかねている段階で、清朝との接触を図ろうとします。以下の史料は、もとは奏摺の添付資料であったと推測されるもので、阮福映が清朝の両広総督覚羅吉慶に宛てた書状の写しです。

南越国長阮福映が天朝両広総督覚羅吉大人〔吉慶〕に宛て、謹んで書状を奉ります。先年四月……帰仁〔今日の中南部ベトナムのクイニョン〕地域を平定し、城を陥落させた後、軍隊を整えて凱旋しましたが、外洋に出たばかりのところで、〔一部が〕漂流して御管轄域に入ってしまいました。大人の御高配によって、化外《けがい》〔文明の及ばない外国〕の者として捨て置かれることなく、道中の者であるとして、衣食や必要な装備を賜り、帰国させていただきました。彼らは帰国後、大人が大皇帝の一視同仁の温情を体現されたことを報告しました。小番〔阮福映〕とその配下の者一同で感謝しない者はおりません。……今ここに小番は配下の兵を率いて進撃し、富春城とその郡邑を奪回しました。……小番の恭順な誠意の一端を、まずは書状をもってお伝えし、御高覧賜りたく存じます。今後、戦争が落ち着きましたら、続けて家臣を派遣し、謹んで感謝の意を示し、小番の国内の顛末事情とともに、あわせて報告申し上げます。（軍機処録副奏摺　七七六六―十）

日付が記されていませんが、富春城の奪回から間もないことに加え、なおも西山朝阮氏と交戦中の時期に書かれたものであることが読み取れます。阮福映と清朝との接触が、各種史料によって確認できるものの中で、時期的にあてはまるのは、一八〇一年七月の「趙大仕」なる「清人」の海路からの派遣（『大南寔録』正編第一紀・巻十四）以外にありえません。

録副ファイル中には関連する史料として、「趙大任」なる人物の以下のような供述書を見出すことができます。

趙大任の供述。わたくしは（広東省）順徳県出身で、許可証を持って、（海南島）崖州に貿易に出かけ、（広東省）江門から（一八〇一年）二月十七日に出港しましたが、十九日に嵐にあい、二十二日に会安（今日のホイアン）に流れ着きました。彼の地の役人は、わたくしの船の許可証を調べ、広東の船であったことから、すぐに報告を上げました。……五月三日になって、会安で聞くには、南越国長の阮福映が〔西山阮氏を追いやって〕再び富春に戻ったとのことでした。……七月三日、南越国長は通訳を派遣し、わたくしを富春城内に呼びました。阮福映が面会して言うには、わが国はかねてより天朝〔清朝〕による徳化を願っていた。かつてわが国の船が、帰仁から嵐のために広東に漂着した際には、各憲台〔吉慶ら〕の恩典を受け、衣服や食料を与えて帰国させてくれた。その恩は忘れることができないほどで、使者を派遣してお礼に向かわせるべきであったが、西山との戦いが続き、船を建造する余裕がなかった。使者を将来派遣する際に、お礼を申し上げたい、とのことでした。各国が朝貢の使節を送る際の慣例はどうなっているかと尋ね、わたくしが知らないと答えますと、すぐに書状を託し、広東に行って届けるようにと命じました。七月二十三日に会安から出港し、八月二日に江門に着きました。〔軍機処録副奏摺　七七六六―十二〕

阮朝側で「趙大仕」と記録された人物が、清朝側で「趙大任」と記録された人物であることは、疑う余地がありません。つまり、先の吉慶宛ての書状は、「南越国」の君主と自称した阮福映が、配下の漂流民たちの保護に対する御礼を口実に、当時たまたま領内に漂着した清国の人「趙大任」を帰国させるのを利用して、かつて漂流民たちの保護に力を貸してくれた恩人である広東の吉慶に接触し、将来的な清朝との正式な接触への打診を図ったものであると理解されるのです。

今回の話全体との関連で言えば、ここでもまた漂流事案の処理が、今日風に言えば「外交」関係を調整・樹立する端緒となっていること、そのチャンネルを橋渡ししたのが漂流民であったことが注目されます。前近代における「非公式」な「外交」の重要性が、漂流事案に歴史的な意味を持たせたのです。趙大任の供述に見るように、阮福映は、中国を中心とする東アジア世界の伝統的外交儀礼に通じていませんでした。それゆえなおさら清朝との接触のために、漂流民の送還という偶然の機会を重視したと思われます。

この点から見るなら、あるいは大乗丸漂流の場合も、まだ新興勢力にすぎなかった阮福映が、漂流民を介してはるか遠い日本と接触を目指したための、過分な厚遇であったという可能性も考えられます。漂着から一年で、大乗丸の漂流民たちが、無事長崎まで帰還できたことの背景には、漂着地が阮福映の勢力下で、まさにかの地が一大転換期にあったという歴史の偶然が、大きく作用しているのかもしれないのです。

おわりに

ところで、上記二つの史料で見落とすことができないのは、阮福映が一八〇一年に、「安南国王」ではなく「南越国長」と自称していたという事実です。「国長」は「国王」として冊封を受ける前の自称の通例ですから、実際には「南越国王」と名乗っていたことになりましょう。阮福映は、黎朝の「景興」年号を用いて「南越国王」と自称していたわけです。これ以前の時期には各種史料にまったく見えない称号です。一方で、大乗丸漂流民たちは、この七年前の段階で、阮福映が「南越」ではなく「安南国王」と自称していたことを記録しているのです。二つの自称号の間には、どのような歴史の謎が隠されているのでしょうか。

問題を解く鍵は、大乗丸漂流(一七九四年)から富春入城(一八〇一年)までの、対西山朝戦争の展開と、北上の過程における阮福映の意識、および彼を取り巻く現実の変化にありそうです。先に紹介した「農耐」を冠した自称王号の存在(一七九九年)も、この文脈で説明できるかもしれません。さらなる研究が必要です(拙稿「「南越国長」阮福映」『史朋』第四〇号、北海道大学東洋史談話会、二〇〇七年、五九―七七頁)。

以上、大乗丸のベトナム漂流を手がかりに、新史料によって村松嘉津氏の旧説を再評価して、漂着先が阮福映勢力下の南部ベトナムであったことを論証し、ベトナム史上、最も複雑な局面を見せた一八〇〇年前後のベトナム情勢について概観してきました。

阮朝成立前夜のベトナム史については、今日に残る同時代史料がきわめて少なく、今回紹介した西欧史料のほか、後に阮朝下で編纂されたもの、あるいはベトナムの宗主国であった中国の清朝が間接的に記録した漢文史料を軸に理解するしかないのが実状です。そうした中で、はるか長崎の地で記録に残され、あるいは京都で出版された漂流民たちに関する史料が、いかに重要な意味を持っているか理解していただけたことと期待します。

今回紹介した称号・国号をめぐる問題以外にも、漂流民たちの記録には、阮福映統治下の南部ベトナムの社会・文化・風俗、さらには西山阮氏との戦争に関わる記事など、歴史的に価値のある記述が多く認められます。

従来、ベトナム前近代史研究は、多くのベトナム王朝が基盤を置いた北部ベトナムに重点を置き、宗主国清朝の漢文文献とベトナムの漢文(漢喃)文献を中心に進められてきました。近年になり、従来のベトナム史研究においては辺境的存在であった広南阮氏や阮福映など、中部・南部ベトナムの近世史に関する研究が、ますますさかんになりつつあります。ところが、今回取り上げた漂流記のような和文史料には、十分な注意が向けられていないのです。村松嘉津氏のすぐれたフランス語訳注がある『南瓢記』と「甲寅漂民始末」についても、そうした中部・南部ベトナム近世史に関する諸研究で、参照されている様子は認められません。大乗丸の漂流以外にも、江戸時代のベトナム漂流記は存在します。日本人研究者が、恵まれた条件を生かしてこの分野に切り込んでいく余地は、小さくなさそうです。

遠く離れた国にまったく異なる経緯で残された複数の史料が、歴史に埋もれた出来事にどのような光をあて、いかに興味深い歴史的事実を明らかにするのか。この点を通じ、アジアの多国間にまたがる歴史を研究する、東洋史という学問のおもしろさを、皆さんに紹介することができたなら幸いです。

【読書案内】

川合彦充『日本人漂流記』(現代教養文庫)社会思想社、一九六七年。

宮崎市定『雍正帝』（中公文庫）中央公論新社、一九九六年。

木村汎ほか編『日本・ベトナム関係を学ぶ人のために』世界思想社、二〇〇〇年。

谷本晃久『近藤重蔵と近藤富蔵』（日本史リブレット）山川出版社、二〇一四年。

濱下武志ほか編『中国の歴史――東アジアの周縁から考える』（有斐閣アルマ）有斐閣、二〇一五年。

第八章　国境を越える旅の社会学

樽本英樹

一　国際移民という「旅」

「旅」の構造

ほとんどの人が「旅」と聞くと楽しいものを思い浮かべるのではないでしょうか。でもすべての「旅」が楽しいものなのでしょうか？　巷の書店には「旅」を特集した雑誌や「旅」のガイドブックが溢れんばかりに並んでいます。テレビをつけると「旅」に関する番組がよく放送されています。聞くところによると、旅番組は低予算で作れかつ視聴率がとれるそうで、作り手にとっても視聴者にとっても魅力的で楽しいものなのでしょう。しかし、映画などでかつて「さすらいの旅」という表現がよく使われていましたね。どうも「旅」は楽しいものだけではないみたいですね。

ここで社会学の言葉を紹介しておきましょう。その言葉とは、「即自的行為」と「手段的行為」というものです。即自的行為とは、人間が行なうことのうち、何かをすることがそれ自体として目的となるもののことです。例えば、ある学生が勉強が好きで好きでたまらないため勉強しているとき、その勉強という行為は即自的行為と言えます。しかし、学生時代には皆さん、勉強をしかたなくいやいややっていませんでしたか。その場合、勉強することは手段的行為と呼ぶことができます。例えば学生が単位を取得して卒業したいがために勉強しているとき、その勉強という行為は卒業という目的の手段となります。このように、別の何かの目的を達成するために行なう行為を手段的行為と呼びます。

現実社会における私たちの行為は、どちらかと言えば即自的だ、どちらかと言えば手段的だと言えるものが多く、どちらか一方だと言えないことも多いでしょう。しかし、あえて即自的と手段的に分けてみると見えてくることがいろいろあります。「旅」も同じです。即自的なものと手段的なものに分けると「旅」の性質が分かってくるのです。そこで、「旅」自体が目的だという場合と、「旅」は何かのための手段だという場合に分けてみましょう。

加えてもうひとつの区別を導入しておきましょう。現代はグローバルな時代だとよく言われます。以前よりも国境を越えることがとても容易になりました。「旅」を国境内を行き来するものと、国境外まで足を伸ばすものに分けてみましょう。そこで表8-1を見てください。このように「即自的」か「手段的」かを区別して、「国境内」か「国境外」かを区別すると、「旅」には四種類がある

表８-１　「旅」の分類

	国境内	国境外	
即自的	(1)国内観光旅行	(2)海外観光旅行	→楽しい？
手段的	(3)出張・単身赴任	(4)国際移民	→つらい？

と分かります。

(1)は、それ自体を目的とする即自的な「旅」で、国境内を行き来するものです。多くが「国内観光旅行」と呼べるでしょう。(2)は同じく即自的な「旅」ですが、国境外を訪れる場合です。多くの場合は「海外観光旅行」になるでしょう。どちらも、即自的という性格を持つので、楽しい「旅」になると期待できますね。

一方、「旅」が何か目的のための手段になっているとき、(3)国境内の「旅」としては仕事のための出張や単身赴任がよく思い浮かぶ例でしょう。もちろんここにおいては年寄りの介護や看護のための「旅」を付け加えることができますし、また冠婚葬祭などのための「旅」も入れることもできるでしょう。いずれにしても、このタイプの「旅」には楽しいものとつらいものがありそうです。(4)の国境を越える手段的な「旅」にも(3)の旅と同じイメージを感じます。「旅」自体は手段ですから、目的を達成するため「しかたなく」行なうという場合があることでしょう。この(4)の「旅」の多くが「国際移民」と呼ばれており、現代はまさに「国際移民の時代」と言われるほどさかんなのです。そして、人々の国境を越える「旅」がさまざまな「交流」をもたらす一方、その「交流」が現代的・世界的な問題を生み出しているのです。

国際移民とは?

国境を越える「旅」をする国際移民とは、どのような人々なのでしょうか。どんな目的のために「旅」をしようとしているのでしょうか。まず、第二次世界大戦前にさかのぼると、主な国際移民には、奴隷労働移民、半強制契約労働移民、入植移民がいました。

奴隷労働移民とは、強制的に国境を越える「旅」をさせられ、移動した先で労働も強制された人々です。典型的な例は、三角貿易の流れに乗ってアフリカからカリブ諸島へと渡り、単一作物を栽培するためのプランテーション農業に従事させられた移民たちです。

半強制契約労働移民(indentured labour)とは、強制的に労働に従事させられたので奴隷労働移民に似ていますが、その拘束される期間は契約で決まっており、契約期間が終了すると解放された人々です。例えば、インドから多くの人々が半強制契約労働移民として南アフリカへ渡り、今ではその末裔が南アフリカ共和国で白人、アフリカ系に次ぐ第三に大きい集団となっています。

最後に、入植移民と呼ばれる人々がいました。みずからの意志で植民地へと移動して開拓し農業などに従事した人々です。宗教迫害から逃れるためもあり、イギリスからアメリカ合衆国へと移り住んだピルグリム・ファーザーズはその典型です。

次に第二次世界大戦後に目を転じてみましょう。主な国際移民には、旧植民地移民、永住移民、労働移民がいたことが分かります。

旧植民地移民とは、第二次世界大戦後独立した旧植民地から旧宗主国へと移動した人々のことです。例えば英国に関して言えば、インド亜大陸に属するインド、パキスタン、バングラデシュから英国へと移動した人々がいました。旧植民地移民の多くが旧宗主国の市民権を完全に持っていたため、旧宗主国に合法的に入国し居住できたのでした。

永住移民は新大陸諸国へと移動した人々です。第二次世界大戦前の入植移民とよく似ています。例えば、ヨーロッパ諸国からオーストラリアやカナダへと移住した人々は、新大陸で新たな人生を切り開こうと渡っていったのです。

最後に労働移民です。受け入れ国で一時的に滞在し労働した後、出身国へ帰国すると想定されたので、「ゲストワーカー」とも呼ばれました。しかし実際には一九七三年に起きた石油危機以後、多くの労働移民は帰国せず受け入れ国で定住してしまいました。現在、ドイツに多くのトルコ系が住んでいるのはこの名残です。

以上のように見ていくと、石油危機が起きた一九七〇年代初めまでの国際移民という「旅」の目的が分かってきます。「働くこと」です。それも多くの場合、低賃金の単純労働に従事するため「旅」をしたのでした。

グローバル化する国際移民

二一世紀になった今でも、労働は国際移民という「旅」の主要な目的であり続けています。しかし一九八〇年代後半からは、労働だけが国際移民という「旅」の目的ではなくなりました。つまり、国際移民という「旅」の目的や性格は多様化していったのです。

表8-2を見てください。一九八〇年代以降どんな変化があったか、労働移民をもとにして考えていきましょう。労働移民は主に「男性」であり、「経済的目的」を達成するために、「合法的」に「単純労働」に従事し、移動と滞在の結果、「祖国との関係や愛着が希薄」となりがちでした。これら五つの特徴がそれぞれ変化すると、一九八〇年代以降の新たな移民のプロフィールが現われてきます。

経済的目的が政治的目的に変わると、政治難民が見えてきます。合法的入国または滞在が非合法なものになると、非合法移民と呼ばれます。単純労働ではなく高度技能を持った人々が国境を越える「旅」をすると高度技能移民となります。祖国と希薄とならず、移動後も祖国への愛着を捨てられなくなると、ディアスポラと呼ばれる国際移民となります。そして労働移民がほとんど男性だけだったのに対して、女性も国境を越えるようになりました。

このように移民プロフィールが多様化しただけではなく、国境を越える「旅」が現われる地域も多様化してきました。一九八〇年代後半以降、アジアはきわめて活発な国際移民の舞台となり、アフリカ大陸内や南アメリカ大陸内でも移動がさかんになりました。中東諸国も新たな国際移民の受け入れ・送り出し地域となったのです。

表8-2　国際移民の多様化：1980年代後半以降

労働移民		目的・性格	移民の種類
経済的	→	政治的	難民
合法	→	非合法	非合法移民
単純労働	→	高度技能	高度技能移民
祖国と希薄	→	祖国への想い	ディアスポラ
男性	→	女性	女性移民

もちろんこのような移民プロフィールと地域の多様化とともに、国際移民という「旅」をする人数も急増していきました。

なぜ国際移民という「旅」はこのように変わっていったのでしょうか。一九八〇年代後半に何があったのでしょうか。技術、経済、政治の三つの側面から考えていきましょう。

第一に、技術的には交通機関の発達が国際移民という「旅」の基盤を整えることになりました。特にジェット機による航空網の発達は、国際移民という「旅」を格段に行ないやすいものとしたのです。

次に、経済的には通貨が大きな影響を及ぼしました。ちょっと前の日本を思い出してください。一九八〇年代半ばまで、日本人にとって海外旅行は特別なものでした。国際移民にとっても日本は魅力的な移民先ではありませんでした。なぜでしょう。当時は「一ドル＝三六〇円」の固定相場制のもと、日本から海外に持ち出せる外貨は大きく制限され、また移民が日本で働いても母国のお金に換算すると目減りしてしまったからです。ところが一九八五年に先進諸国間でいわゆる「プラザ合意」がなされ固定相場制は廃止され、円は変動相場でその価値を決められるようになりました。その結果、急激に円高が進み日本は労働移民にとって魅力的な目的地となったのです。同時に円の価値が上がったため日本人も海外旅行へ以前よりも容易に行けるようになりました。

最後に政治的には、ベルリンの壁の崩壊が国際移民全体に影響を与えました。ベルリンの壁の崩壊は東西冷戦の終結を意味します。特に旧東側諸国から旧西側諸国へと多くの人々が国境を越えて

「旅」をしていきました。このヨーロッパにおける冷戦の終結は、他の地域における人々の移動をも活発にし、国際移民が人々に注目されることになったのです。

このような三つの側面における変化が、国際移民という「旅」を多様にそして活発にし、グローバル化と呼ばれる社会変動を世界的に引き起こすことになったのです。

二　国際移民による社会の変容と「交流」

社会の様子

国際移民という「旅」が増えるとどんなことが起こるのでしょうか？　特に社会にどのような影響を及ぼすのでしょうか。

図8-1を見てください。一見ヨーロッパ風の街角ですね。でも、道沿いの店のネオンは少々ヨーロッパ的でないようにも見えます。図8-2の店の様子を見てみましょう。店の名前などにアルファベットが使われていますが、ちょっとエキゾチックな雰囲気ですね。いったいここはどこなのでしょうか。

図8-3を見てください。向かって右の店の看板に「LONDON」とあります。そう、ここは英国のロンドンなのです。しかし、ヨーロッパ的でない店が並んでいることが示唆するように、ロンドン東部のブリック・レーン(Brick Lane)と呼ばれるバングラデシュ人街です。歩いている女性た

図 **8-1**　街角 1

図 **8-2**　街角 2

図 **8-3**　街角 3

表 8-3　主要 OECD 諸国における外国人人口[1)]

	1983	1989	1995	1997	1999	2005	2009	(千人)
オーストリア	3.9	5.1	9.0	9.1	9.2	9.7	10.7	(892.2)
ベルギー	9.0	8.9	9.0	8.9	8.8	8.6	9.8	(1057.5)
デンマーク	2.0	2.9	4.2	4.7	4.9	5.0	6.0	(329.9)
フィンランド	0.3	0.4	1.3	1.6	1.7	2.2	2.9	(155.7)
フランス	n.a.	6.3[2)]	n.a.	n.a.	5.6	5.7[3)]	n.a.	(n.a.)
ドイツ	7.4	7.7	8.8	9.0	8.9	8.2	8.2	(6694.4)
アイルランド	2.4	2.3	2.7	3.1	3.1	9.7[3)]	n.a.	(n.a.)
イタリア	0.7	0.9	1.7	2.1	2.2	4.6	7.1	(4235.1)
日本	0.7	0.8	1.1	1.2	1.2	1.6	1.7	(2184.7)
ルクセンブルグ	26.3	27.9	33.4	34.9	36.0	41.5	43.8	(216.3)
オランダ	3.8	4.3	5.0	4.3	4.1	4.2	4.4	(735.2)
ノルウェー	2.3	3.3	3.7	3.6	4.0	4.8	6.9	(333.9)
ポルトガル	n.a.	1.0	1.7	1.8	1.9	4.1	4.3	(457.3)
スペイン	0.5	0.6	1.2	1.6	2.0	9.5	12.4	(5708.9)
スウェーデン	4.8	5.3	5.2	6.0	5.5	5.1	6.4	(595.1)
スイス	14.4	15.6	18.9	19.0	19.2	20.3	21.7	(1680.2)
イギリス	3.1[4)]	3.2	3.4	3.6	3.8	5.1	7.1	(4348.0)

1) 全人口に対する割合(%)。帰化した者および当該国の市民権を持っている者は除外。人口登録または外国人登録からのデータ。ただし，フランス(センサス)，ポルトガル(居住許可)，アイルランドと英国(労働力調査)を除く。
2) 1990 年のデータ。3) 2006 年のデータ。4) 1985 年のデータ。
出所：OECD SOPEMI, *Trends in International Migration* (1995, 1997, 2001) と *International Migration Outlook* (2011) より。

ちは、頭にベールをかぶっていることからイスラム教徒だということが分かります。でも英国はキリスト教の一派、英国国教会の国であることを思い出してください。

このような状況は、英国だけで見られるのではありません。表8-3を見ると、OECD諸国のほとんどで一九八〇年代から二〇〇〇年代にかけて外国人人口が増加していることが分かります。一九八三年に外国人の割合が少なかった国々に着目すると、二・三%だったノルウェーは二〇〇九年には六・九%となり、イタリアは〇・七%が七・一%となっています。スペインに至っては、〇・

表 8-4　日本における国籍別外国人登録者数(上位 10 カ国)　(千人)

	2005	2007	2009	2011
中国・台湾	519.6	606.9	680.5	674,9
韓国・北朝鮮	598.7	593.5	578.5	545.4
ブラジル	302.1	317.0	267.5	210.0
フィリピン	187.3	202.6	211.7	209.4
ペルー	57.7	59.7	57.5	52.8
合衆国	49.4	51.9	52.1	49.8
ベトナム	28.9	36.9	41.0	44.7
タイ	37.7	41.4	42.7	42.8
インドネシア	25.1	25.6	25.5	24.7
インド	17.0	20.6	22.9	21.5

出所：OECD (2003: 333); OECD (2013: 387).

五%が一二・四%にまで増加しているのです。ロンドンで見られるようなエキゾチックな街角が、他国においても出現していると数値の動きから想像できますね。

とはいえ、わが国日本の外国人人口は他国と比べてまだまだ少ないことも見て取れるでしょう。二〇〇九年現在でも全人口の一・七%しか占めていないからです。しかし、その中味、国籍別構成を見ると、日本も他国と同じようにいろいろな国の人々が来ているという印象を持ちます。表8-4を見てください。日本に滞在する外国人を国籍別に多い方から一〇カ国並べてみました。現在最も多いのは中国・台湾の人々で、二〇〇七年に韓国・北朝鮮を抜きました。ブラジルが三位、ペルーが五位を占めているのは、日系人が来ているためです。四位のフィリピンは「興行」という在留資格を得てエンターテイナーとして入国してくる女性がかつて多かった。六位の合衆国は同国と日本との政治的、経済的な結びつきを考えると納得いくところでしょう。七位以下のタイ、ベトナム、インドネシア、インドは、同じアジアに位置する国々であることからランクインするのは予想の範囲内でしょう。このような国の人々が日本で生活するようになっているのです。

国際移民はよいことか?

このように国際移民という「旅」が増えると、さまざまな文化を持つ人々やその人々の生活の印が街角に溢れてきます。すなわち、社会は多文化化していくのです。以前ならばほとんど単一文化で埋め尽くされていた社会で、今ではいろいろな文化を持つ人々が「交流」していくことになります。いや、時と場合によっては、義務としていろいろな文化を持つ人々と「交流」せざるを得なくなることでしょう。このことを少々社会学的な言葉を使って表現すると、「社会における異質性の増大と共存への挑戦が出現した」と言うことができます。

このような社会の急激な変化に直面すると、誰しも疑問に思うことでしょう。果たして国際移民という「旅」はよいことなのだろうかと。もちろん、国際移民は多くのメリットをもたらしてくれます。たとえば、これまで接したことのない他の文化を楽しむことができるようになります。エスニック料理やエスニック雑貨を好きな人はとても多いことでしょう。英語や中国語など外国語を学ぼうとしたとき、ネイティブの先生が身近に住んでいて直接教わることだってできます。そして社会全体も活性化することでしょう。経済的な面の活性化については議論が分かれるところでしょうが、実はほとんどの先進諸国経済が国際移民なくしてはやっていけないようになっているのです。

しかし一方、国際移民がデメリットをもたらすことも確かです。例えば、人種差別、階層格差、テロリズム、宗教対立など国際移民の増加が部分的であれさまざまな社会問題の原因になっていることは否定することができません。極端な場合はいわゆる「人種暴動」が起こったりもするのです。

三　国際移民への対処

伝統的国境管理

このようなデメリットに遭遇すると、社会のさまざまな機関や人々はなんとか対処しようとさまざまな動きを見せます。まず思いつく対処法は、図８‐４のようなパスポートを国際移民に所持させて国境でチェックすることでしょう。パスポートを持たせるなんて当たり前だと思っていませんか。今日では当たり前で伝統的な方法に見えるパスポート所持も、第一次世界大戦あたりの時期から徐々に制度化されてきたのです。つまり、二〇世紀になってから一般化した国境管理の方法なのです。

図 8-4　パスポート

さらにいくつかの国からの入国者および滞在者に、査証すなわちビザをとってくるよう要求することも考えられます。図８‐５のようなビザは、観光、労働、その他の目的のどれかに特定した活動をある期間に限って許す手続きで、ほとんどの場合「旅」を始める前に大使館などに出向いて申請しなければなりません。例えば、一九八〇年代終わりから九〇年代初めのバブル経済の時期に急増していた非合法移民の入国を妨げるために、日本政府はパキスタン、バングラデシュなどの国からやってくる人々にビザを課しました。その結果、非合法移民の数を減らすこと

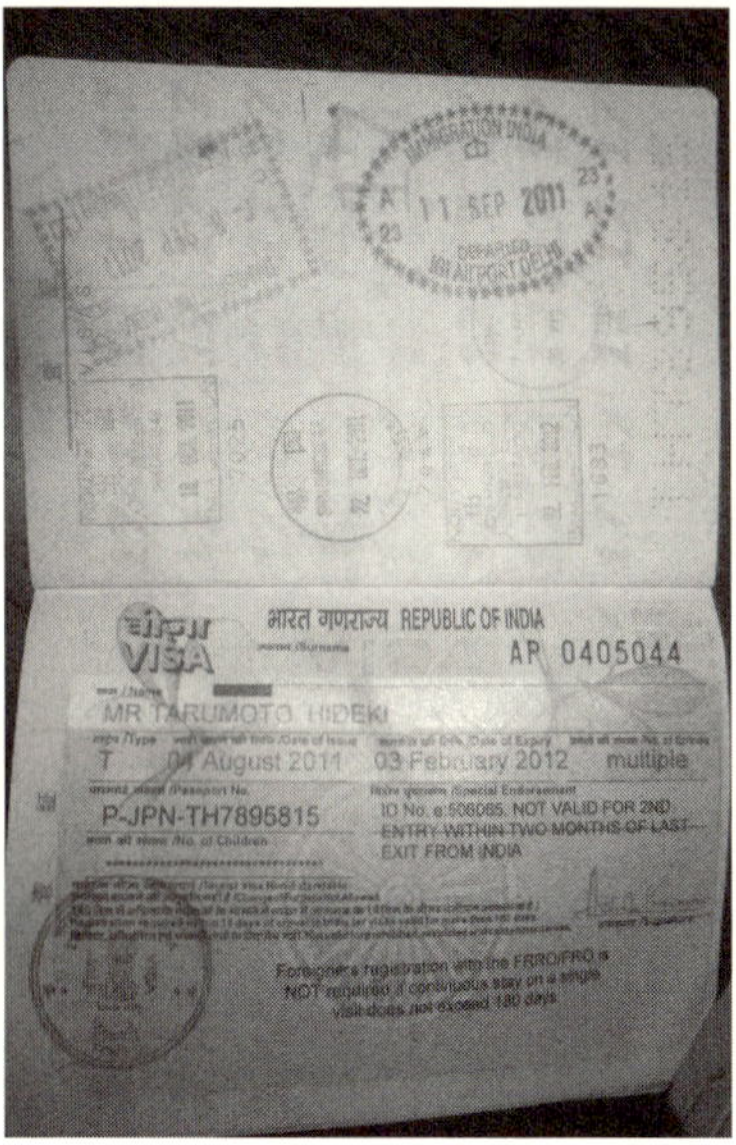

図 8-5　ビザ

ができたとも言われています。

新しい国境管理

ところが、パスポートやビザといったいわゆる伝統的国境管理では、グローバル化し急増する国際移民の流れに対処しきれなくなりました。そこでいろいろな工夫が登場しています。

まず、移民にいろいろな観点から点数をつけて、その点数の高い者の入国と滞在を許可するというポイントシステムが広まっています。年齢、技能、教育歴などの観点で点数をつけるわけです。

カナダやオーストラリアでは一九七〇年代から導入されていましたけれども、近年、英国や日本などでも導入され、新しい国境管理の中核をなすようになってきました。

次に、国家単独で国境管理をするのではなく、国家間協力で行なおうという動きが加速してきました。ヨーロッパ連合(EU)はその典型です。いくつかの事件はその協力の様子を浮き彫りにします。例えば二〇一一年二月一二日から一四日にかけて、北アフリカから逃れてきた人々約五千人がイタリアの小島、ランペドゥーサ島に続々上陸しました。当初イタリア政府は滞在許可を出していたものの、他のEU諸国は移民たちが自国へ移動してくることを恐れ、イタリアに滞在許可を出さないよう要請しました。EU域内では一度入ってしまった人々の移動がかなり自由であるためです。このようにEUでは制度的に国家間協力の努力が積み重ねられていきました。

さらに、国家は非合法移民に関する罰則を設けていきました。罰則は非合法に入国や滞在、労働をした移民に対して科されただけではありません。非合法移民を雇った雇用主や仲介業者へも罰則が科されます。日本の場合、一九九〇年出入国管理および難民認定法で導入されました。しかし移民自身や雇用主に対してだけではなく、非合法移民を運んだ航空会社、船舶会社、陸上運送会社へ罰則を科す動きもヨーロッパ諸国を中心として出てきました。このように、政府や国際機関など政治主体が民間主体に移民管理を任せる動きを、国境管理の民間化(privatisation of border control)と呼ぶことができます。

以上のように、国際移民のグローバル化に伴い、パスポートやビザといった伝統的な国境管理の

表 8-5　多文化主義の施策：オーストラリアの例

(1)異文化・異言語維持・促進
　エスニック・コミュニティへの財政援助（エスニック学校／移民博物館／福祉施設）
　エスニック・メディアへの免許付与・公的援助（テレビ・ラジオ放送）
　エスニック・ビジネスへの援助・奨励，表彰
　非差別的移住政策の実施（聖職者，教師など文化的専門職の移住規制しない）
(2)政治・社会参加促進
　ホスト社会の言語・文化の教育サービス
　通訳・翻訳サービスの実施（電話通訳／裁判所，病院，警察など公共施設）
　公共機関における多言語出版物の配布（災害情報など）
　国外の教育・職業資格の認定
　新規移民・難民向け福祉援助
　教育・雇用に関するアファーマティヴ・アクション
　永住者・長期滞在者への選挙権付与
　人種差別禁止法の制定と実施
　人権・平等委員会などの設置
(3)受け入れ社会のマジョリティへの啓蒙活動
　公営多文化放送の実施（テレビ・ラジオ放送）
　学校，企業，公共機関における多文化教育の実施
　多文化フェスティバルなどの実施
　多文化問題研究・広報機関の設置
　多文化主義法の制定

出所：関根政美『多文化主義社会の到来』(pp. 44–46) より作成。

手法に加えて、新たな手法が開発されてきました。この新たな手法をまとめて、移民マネジメント（migration management）と呼び、研究者や実務家の中には賞賛する人もいます。しかし、新たな手法が賞賛すべきものか否かは慎重な考察が必要なのです。

国境内への施策

国際移民という「旅」が加速すると、国境管理だけではなく国境内に滞在している移民・外国人を管理し社会に統合するための施策も必要となってきます。例えば日本は第二次世界大戦後、外国人登録証を発給することで外国人住民を管理・統合し

ようとしてきました。しかし、指紋押捺を求めるなどしてきたこの登録証は二〇一二年七月に廃止され、代わりに「在留カード」が導入されました。法務省は外国人を日本人と同じように住民基本台帳で管理・統合することにしたのです。

また、各国は移民・外国人の定住化とともに、彼ら／彼女らの存在を認めざるを得なくなっています。そのひとつの結果として、多文化主義という考えが広まり多くの政策がなされることになりました。表8-5はオーストラリアの例ですが、移民や先住民のためにたくさんのことが政策としてなされていることが分かります。以前には、移民は自分たちの文化を捨て去りホスト社会の文化や習慣を身につけるよう強制または半ば強制されていました。これを同化主義と言います。日本で在日コリアンなどに行なわれた「創氏改名」はその典型的な例です。しかし今では移民の文化を尊重しようという考えが強くなってきたのです。社会が多文化化したことを承認せざるを得なくなった結果と言えます。

四　国際移民という「旅」と「交流」のこれから

社会はどうなるのか？

国際移民という「旅」によって、今後、社会はどうなっていくのでしょうか。まず第一に、国際移民という「旅」を止めることは誰にもできないでしょう。いや、今以上に増加していくことでしょう。第二に、社会の多文化化も止められないでしょう。これまで以上にさまざまな文化がひとつの社会で共存しなければならなくなるでしょう。すると社会には、国際移民による社会活性化を擁護する動きと、国際移民によって脅かされる社会秩序を回復しようとする動きが対立するようになります。この対立を端的に示すのが、ヨーロッパ諸国における極右団体および極右政党の台頭とそれに反対する動きです。

「旅」という観点から考えると、別の対立も見えてきます。国際移民は個人として「旅」し「交流」する自由を持つべきです。しかし一方、国家は国際移民を管理する権限を持ちます。この個人の自由と国家の権限の対立も激しくなることでしょう。すなわち、「国際移民の自由」と「国家主権」がこれまで以上に衝突するということです。この衝突を緩和するために、両者の間でのバランスをとる「仕組み＝制度」が世界的に模索されていくことでしょう。

グローバル化時代をいかに生きるか？

国際移民という「旅」と「交流」は、国家や国際機関やその他の政治的主体だけが対処すれば済むことではありません。実際に「旅」や「交流」に関わるのは私たち自身なのです。そこで、国際移民という「旅」と「交流」に伴って、私たちも変わる必要はないでしょうか。それではどのように変わる必要があるのでしょうか。少なくとも、自分たちとは文化も習慣も考え方も異なる「他者」を受け入れる態度を持たなくてはなりません。そして、社会に多様性や異質性を認める態度も獲得しなければならない。このように私たち自身も変わることで、国境を越えた「旅」はよりよい「交流」をもたらしてくれることでしょう。

【読書案内】（本論文で参照した文献でもあります）

樽本英樹『よくわかる国際社会学』ミネルヴァ書房、二〇〇九年。
　国際移民という「旅」をめぐる日本で最もまとまった教科書です。私の著作なので手前味噌ですが、ぜひお手にお取りください。

S・カースルズ、M・J・ミラー著、関根政美・関根薫監訳『国際移民の時代』[第4版]、名古屋大学出版会、二〇一一年。
　移民をめぐる世界各地での動きやその問題が、よくまとめられています。

関根政美『多文化主義社会の到来』朝日新聞社、二〇〇〇年。
　本文で引用したように、社会が多文化になっていろいろなことが起きていることをオーストラリアを例に紹介してくれています。

樽本英樹『国際移民と市民権ガバナンス――日英比較の国際社会学』ミネルヴァ書房、二〇一二年。
　国際移民という「旅」と国家との対立をさらに知りたい意欲的な方にお勧めです。

おわりに

「はじめに」で述べましたように、本書は、北海道大学大学院文学研究科・文学部による平成二四年度公開講座「旅と交流——歴史を旅して、現代の問題を考える」の講義を基にまとめたものです。公開講座には一一五名の申込みがあり、盛況のうちに修了することができました。公開講座の日時と講義題目は次のとおりです。

五月一六日(水)　細田典明「ブッダの旅」
五月二三日(水)　佐々木　啓「聖書と旅」
五月三〇日(水)　守川知子「イランの王さま、ヨーロッパへ行く」
六月　六日(水)　山本文彦「郵便と旅行——近世ドイツにおけるコミュニケーション革命」
六月一三日(水)　武田雅哉「万里の長城を見にいった日本人」
六月二〇日(水)　橋本　雄「朝鮮取経の旅——室町幕府外交の舞台裏」
六月二七日(水)　吉開将人「江戸時代漂流民のベトナム見聞」
七月　四日(水)　池田　透「旅をする動物」

七月一一日(水)　樽本英樹「国境を越える旅の社会学」
七月一八日(水)　質疑応答　上記講師全員

また、本書の姉妹編である『食と文化』を併せて読まれることをお勧めいたします。

最後になりましたが、本書が刊行の運びとなりましたのは、研究科長、広報委員長並びに研究推進室の山本文彦室長、森岡和子さん、真弓麻実子さんのお力添えのおかげです。北海道大学出版会の今中智佳子さんには大変お世話になりました。心より感謝申し上げます。

細田典明

執筆者紹介（執筆順）

細田典明（ほそだ のりあき）　一九五七年生、北海道大学大学院文学研究科博士課程中退。現在、北海道大学大学院文学研究科・教授（宗教学インド哲学講座）。論文に“The simile of the leech (jalāyukā) as saṃsārin,” (Three mountains and seven rivers, Motilal Banarsidass Publishers, 2004),「『雑阿含』道品念處相応」（『インド哲学仏教学論集』第二号、二〇一四年）。

佐々木　啓（ささき けい）　一九五九年生、北海道大学大学院文学研究科博士課程中退。現在、北海道大学大学院文学研究科・教授（宗教学インド哲学講座）。共著に『聖と俗の交錯』（北海道大学図書刊行会、一九九三年）、『面白いほどよくわかるキリスト教』日本文芸社、二〇〇八年）。

守川知子（もりかわ ともこ）　一九七二年生、京都大学大学院文学研究科博士後期課程研究指導認定退学、博士（文学）。現在、北海道大学大学院文学研究科・准教授（東洋史学講座）。単著に『シーア派聖地参詣の研究』（京都大学学術出版会、二〇〇七年）、論文に「地中海を旅した二人の改宗者――イラン人カトリック信徒とアルメニア人シーア派ムスリム」（長谷部史彦編『地中海世界の旅人』慶應義塾大学言語文化研究所、二〇一四年）、「サファヴィー朝の対シャム使節とインド洋――『スレイマーンの船』の世界」（『史朋』第四六号、二〇一三年）。

山本文彦（やまもと ふみひこ）　一九六一年生、東北大学大学院文学研究科博士課程後期修了、博士（文学）。現在、北海道大学大学院文学研究科・教授（西洋史学講座）。単著に『近世ドイツ国制史研究――皇帝・帝国クライス・諸侯』（北海道大学図書刊行会、一九九五年）、訳書に『神聖ローマ帝国一四九五―一八〇六』（ピーター・

H・ウィルスン著、岩波書店、二〇〇五年）、『中世ヨーロッパ社会の内部構造』（オットー・ブルンナー著、知泉書館、二〇一三年）。

武田雅哉（たけだ まさや） 一九五八年生、北海道大学大学院文学研究科博士課程中退。現在、北海道大学大学院文学研究科・教授（中国文化論講座）。単著に『〈鬼子〉たちの肖像——中国人が描いた日本人』（中央公論新社、二〇〇五年）、『楊貴妃になりたかった男たち——〈衣服の妖怪〉の文化史』（講談社、二〇〇七年）、『万里の長城は月から見えるの？』（講談社、二〇一一年）。

橋本 雄（はしもと ゆう） 一九七二年生、東京大学大学院人文社会系研究科博士課程単位取得退学、博士（文学）。北海道大学大学院文学研究科・准教授（日本史学講座）。単著に『中華幻想——唐物と外交の室町時代史』（勉誠出版、二〇一一年）、『偽りの外交使節——室町時代の日朝関係』（歴史文化ライブラリー、吉川弘文館、二〇一二年）、『〝日本国王〟と勘合貿易』（NHKさかのぼり日本史・外交篇7室町、NHK出版、二〇一三年）。

吉開将人（よしかい まさと） 一九六七年生、東京大学大学院人文科学研究科博士課程中退、博士（文学）。現在、北海道大学大学院文学研究科・准教授（東洋史学講座）。論文に「鳥居龍蔵と東アジア——歴史学説と心象地理」（北村清彦編『北方を旅する』北海道大学出版会、二〇一〇年）、「歴史意識と世界像——南越の歴史は中国史かそれともベトナム史か」（濱下武志ほか編『中国の歴史』有斐閣、二〇一五年）。

樽本英樹（たるもと ひでき） 東京大学大学院人文・社会系研究科博士課程修了、博士（社会学）。現在、北海道大学大学院文学研究科・准教授（社会システム科学講座）。単著に、『よくわかる国際社会学』（ミネルヴァ書房、二〇〇九年）、『国際移民と市民権ガバナンス——日英比較の国際社会学』（ミネルヴァ書房、二〇一二年）、共編著に『現代人の国際社会学・入門——トランスナショナリズムという視点』（西原和久と共編著、有斐閣、二〇一五年刊行予定）。

〈北大文学研究科ライブラリ 9〉
旅と交流——旅からみる世界と歴史

2015 年 3 月 31 日　第 1 刷発行

編著者　細 田 典 明

発行者　櫻 井 義 秀

発行所　北海道大学出版会
札幌市北区北 9 条西 8 丁目 北海道大学構内（〒060-0809）
tel. 011(747)2308・fax. 011(736)8605 http://www.hup.gr.jp/

㈱アイワード

ISBN 978-4-8329-3387-3

「北大文学研究科ライブラリ」刊行にあたって

このたび本研究科は教員の研究成果を広く一般社会に還元すべく、「ライブラリ」を刊行いたします。これは「研究叢書」の姉妹編としての位置づけを持ちます。「研究叢書」が各学術分野において最先端の知見により学術世界に貢献をめざすのに比し、「ライブラリ」は文学研究科の多岐にわたる研究領域、学際性を生かし、十代からの広い読者層を想定しています。人間と人間を構成する諸相を分かりやすく描き、読者諸賢の教養に資することをめざします。多くの専門分野からの参画による広くかつ複眼的視野のもとに、言語と心魂と世界・社会の解明に取りくみます。時には人間そのものの探究へと誘う手引きとして、また時には社会の仕組みを鮮明に照らし出す灯りとして斬新な知見を提供いたします。本「ライブラリ」が読者諸賢におかれて「ひとり灯のもとに文をひろげて、見ぬ世の人を友」(『徒然草』一三段)とするその「友」となり、座右に侍するものとなりますなら幸甚です。

二〇一〇年二月

北海道大学文学研究科